AS RAÍZES LEGAIS DA CORRUPÇÃO

OU COMO O DIREITO PÚBLICO FOMENTA A CORRUPÇÃO EM VEZ DE COMBATÊ-LA

CONTRACORRENTE

HÉCTOR A. MAIRAL

AS RAÍZES LEGAIS DA CORRUPÇÃO

OU COMO O DIREITO PÚBLICO FOMENTA A CORRUPÇÃO EM VEZ DE COMBATÊ-LA

TOSHIO MUKAI
(Comentários à edição brasileira)

São Paulo

2018

CONTRACORRENTE

EDICIONES RAP

Copyright © EDITORA CONTRACORRENTE

Rua Dr. Cândido Espinheira, 560 | 3º andar
São Paulo – SP – Brasil | CEP 05004 000
www.editoracontracorrente.com.br
contato@editoracontracorrente.com.br

Editores

Camila Almeida Janela Valim
Gustavo Marinho de Carvalho
Rafael Valim

Conselho Editorial

Alysson Leandro Mascaro
(Universidade de São Paulo – SP)

Augusto Neves Dal Pozzo
(Pontifícia Universidade Católica de São Paulo – PUC/SP)

Daniel Wunder Hachem
(Universidade Federal do Paraná – UFPR)

Emerson Gabardo
(Universidade Federal do Paraná – UFPR)

Gilberto Bercovici
(Universidade de São Paulo – USP)

Heleno Taveira Torres
(Universidade de São Paulo – USP)

Jaime Rodríguez-Arana Muñoz
(Universidade de La Coruña – Espanha)

Pablo Ángel Gutiérrez Colantuono
(Universidade Nacional de Comahue – Argentina)

Pedro Serrano
(Pontifícia Universidade Católica de São Paulo – PUC/SP)

Silvio Luís Ferreira da Rocha
(Pontifícia Universidade Católica de São Paulo – PUC/SP)

Equipe editorial

Rafael Valim (revisão técnica da tradução)
Denise Dearo (design gráfico)
Mariela Santos Valim (capa)
Susan M. Behrends Kraemer (tradução)

Dados Internacionais de Catalogação na Publicação (CIP)
(Ficha Catalográfica elaborada pela Editora Contracorrente)

M228   MAIRAL, Héctor A.

As raízes legais da corrupção: ou como o direito público fomenta a corrupção em vez de combatê-la | Héctor A. Mairal; Susan M. Behrends Kraemer (tradução); Toshio Mukai (Comentários à edição brasileira). São Paulo: Editora Contracorrente, 2018.

Título original: *Las raíces legales de la corrupción: o de cómo el derecho público fomenta la corrupción en lugar de combatirla.*

Inclui bibliografia

ISBN: 978-85-69220-42-8

1. Corrupção. 2. Direito Público. 3. Direito Administrativo. 4. Direito argentino. I. Título.

CDU: 320.658

Impresso no Brasil
Printed in Brazil

sumário

**APRESENTAÇÃO DA EDIÇÃO BRASILEIRA –
PROF. TOSHIO MUKAI**   9

**PREFÁCIO À EDIÇÃO ARGENTINA – PROF.
AGUSTÍN GORDILLO**   13

I – INTRODUÇÃO   21

1.1 AS DIVERSAS CAUSAS DA CORRUPÇÃO   21

1.2 A CORRUPÇÃO ESPONTÂNEA E A
INDUZIDA   35

1.3 O DIREITO, ALIADO DA CORRUPÇÃO   39

COMENTÁRIOS À EDIÇÃO BRASILEIRA   42

**II – A INSEGURANÇA JURÍDICA COMO
CAMPO FÉRTIL PARA A CORRUPÇÃO**   49

2.1 O DESCONHECIMENTO DA NORMA   50

2.2 A FALTA DE CLAREZA OU AMBIGUIDADE
DAS NORMAS   58

2.3 AS NORMAS DE VALIDADE DUVIDOSA 67

2.4 A RESTRIÇÃO NO ACESSO À JUSTIÇA 73

2.5 A VIOLÊNCIA DO ESTADO CONTRA OS CIDADÃOS 79

2.6 O DESPREZO DA LEI PELO PRÓPRIO ESTADO 86

2.7 AS CONSEQUÊNCIAS DA INSEGURANÇA JURÍDICA 91

   2.7.1 O desamparo do cidadão 91

   2.7.2 O desamparo do funcionário público 95

2.8 UTOPIA OU REALIDADE? 101

COMENTÁRIOS À EDIÇÃO BRASILEIRA 104

III – OS FATORES QUE INCIDEM DIRETAMENTE SOBRE A CORRUPÇÃO 113

3.1 AS NORMAS IRREAIS OU EXCESSIVAMENTE AMBICIOSAS 113

3.2 O EXCESSO NA OUTORGA DE FACULDADES DISCRICIONÁRIAS 126

   3.2.1 A DISCRICIONARIEDADE NA SELEÇÃO DOS CONTROLADOS 129

   3.2.2 A MULTIPLICIDADE DE LICENÇAS ESPECIAIS 135

AS RAÍZES LEGAIS DA CORRUPÇÃO: OU COMO...

3.2.3 A DEMORA EM RESOLVER 137

3.2.4 A DESNECESSÁRIA PRECARIEDADE DE CONCESSÕES E LICENÇAS 147

3.3 AS TRAVAS JURÍDICAS PERANTE O EXERCÍCIO ABUSIVO DAS FACULDADES DISCRICIONÁRIAS 149

3.3.1 OS CONTROLES PRÉVIOS 149

3.3.2 A PARTICIPAÇÃO DOS CIDADÃOS 152

3.3.3 A TRANSPARÊNCIA DAS DECISÕES PÚBLICAS 155

3.3.4 O APROFUNDAMENTO DO CONTROLE JUDICIAL 157

3.3.5 AS CERTIFICAÇÕES PRIVADAS 161

COMENTÁRIOS À EDIÇÃO BRASILEIRA 162

IV – OS DEFEITOS DA CONTRATAÇÃO PÚBLICA 177

4.1 QUEM DECIDE E QUEM DEVERIA DECIDIR 178

4.2 AS ETAPAS DA CONTRATAÇÃO 183

4.2.1 A LICITAÇÃO PÚBLICA 183

4.2.2 A EXECUÇÃO DO CONTRATO 193

4.2.3 O PAGAMENTO 201

4.2.4 A SOLUÇÃO DAS CONTROVÉRSIAS 206

COMENTÁRIOS À EDIÇÃO BRASILEIRA 209

HÉCTOR A. MAIRAL

CONCLUSÕES 223

COMENTÁRIOS À EDIÇÃO BRASILEIRA 235

REFERÊNCIAS BIBLIOGRÁFICAS 241

apresentação da edição brasileira

O grande administrativista argentino Prof. Héctor A. Mairal, consagrado em toda a América Latina, publicou em seu país uma obra inédita, denominada "As raízes legais da corrupção ou como o Direito público fomenta a corrupção em vez de combatê-la", com prefácio do eminente mestre Agustín Gordillo.

Na oportunidade de publicação deste importante livro no Brasil, através de um amigo comum, fomos apresentados à obra e convidados a escrever comentários semelhantes ou não, sobre os mesmos temas abordados, sob o ponto de vista da legislação e circunstâncias brasileiras. Essa soma de esforços nos deixa muito honrados e lisonjeados pela lembrança do nosso nome.

Anotaremos assim complementações ao excelente livro do eminente jurista, situando questões semelhantes que ocorrem no Brasil. Não pretendemos, contudo, replicar em toda sua extensão de conceitos e pesquisa a obra de Mairal. Nosso objetivo é mais simples: sempre que possível, indicar semelhanças, similitudes, equivalências e divergências. Portanto, a obra publicada em nosso país terá uma complementariedade à obra publicada na Argentina. Naturalmente, no desenvolvimento dos trabalhos deverão surgir algumas diferenças, em razão de assuntos ou de legislações não coincidentes.

No *prefácio de Agustín Gordillo*, são notáveis, como sempre o foram, as observações feitas pelo grande administrativista. Falar dele e de sua genial inteligência é, como por aqui dizemos, "chover no molhado".

Do que ele escreve é a que devemos dedicar nossa atenção inicial.

Vale ler, atentamente, este Prefácio que contém algumas passagens admiráveis, sobre Mairal e/ou sobre os assuntos de que se ocupou. Suas conclusões sobre as reflexões lúcidas, maduras, originais e profundas de Mairal, compactuam-se com o que se lê no texto sóbrio. A constatação de que o debate iniciado por Mairal, sobre a teoria do contrato administrativo argentino, teve suas razões confirmadas "pela história e denota (...)" a argúcia da percepção da realidade do notável jurista. A leitura da obra confirmará a assertiva.

Ao custo de repetição, destacamos que Gordillo nos dá a tônica da obra:

AS RAÍZES LEGAIS DA CORRUPÇÃO: OU COMO...

Denúncias de corrupção há muitas, estudos teóricos sobre a corrupção também. Mas a originalidade desta obra de Mairal é mostrar que mais do que um "sistema paralelo" de corrupção, na realidade, temos um sistema legal feito, formal e expressamente, para canalizar ou favorecer a corrupção: "Aqui não há inocentes" e, ainda, sua anotação de que "Não por nada, quando se votou no Congresso a Convenção Interamericana contra a Corrupção, o rascunho da sessão taquigráfica assinalava: "Risadas na sala". Essas leis e tratados anticorrupção não conseguiram impedir, no país, que o direito atuasse independentemente como fator de corrupção, como seu melhor aliado.

Finalmente, o grande mestre objetiva a obra de Héctor A. Mairal:

É também a missão que Mairal impôs aos advogados quanto "a enfatizar continuamente o valor do direito. Quando o direito está presente, a corrupção diminui; quando o direito desaparece, surgem outros fatores que incidem na decisão pública. A corrupção é o mais importante destes outros fatores (...). Esta é a mensagem que nós, advogados, podemos dar, mensagem que excede um determinado partido político e ainda um determinado sistema econômico, porque o

Estado de Direito é a única base sobre a qual se pode edificar um sistema econômico compatível com um regime republicano de governo.

Mairal toma assim uma posição de liderança por sua significativa contribuição na luta contra a corrupção sistêmica e endêmica na Argentina e quiçá em outros países. Desenvolveremos a nossa parte do trabalho, dando nossa contribuição levantando, a cada questão e/ou capítulo da obra de Mairal, nossa visão do que ocorre no Brasil, sem prejuízo de abordarmos questões reais sobre o tema da corrupção. No intuito de não prejudicar a leitura tão atraente da escrita de Mairal e a integridade dos conceitos, faremos nossos comentários após cada capítulo.

Prof. Toshio Mukai

Bacharel em Direito pela Faculdade de Direito da Universidade da Guanabara. Mestre e Doutor em Direito do Estado pela Universidade de São Paulo – USP.

prefácio à edição argentina

Esta coleção de *Cuadernos de Res Publica Argentina* se inicia com um primeiro e excepcional número cuja qualidade dificilmente depois poderá ser mantida, muito menos ser superada. Mairal é um dos mais originais pensadores do direito público argentino e também do mundo de fala espanhola, aquele que mais fez pela luta pelo Direito em nosso país, com um estilo de cavalheiro inglês que lhe é intransferível. Há aqueles que são somente "originais" ao opor-se às ideias originais de outros, outros que são originais, mas não podem evitar a indignação. Entretanto, Mairal é supremamente agudo e invariavelmente original, mas dentro de um estilo marcadamente sóbrio e elegante.

O tema do estilo parece uma constante em sua família. Seu pai, tradutor de obras de Goldoni e autor neófito de uma obra de teatro premiada por *La Prensa*. Seu filho, ganhador de diversos prêmios por suas obras em prosa e em verso.

É por isso que se pode dizer que Mairal é um autor único em seu estilo no Direito Administrativo argentino e comparado, que nos últimos anos foi nos dando obras e reflexões cada vez melhores, cada vez mais lúcidas e maduras, profundas e originais, mas sempre sóbrias, sobre a realidade de nosso tempo.

Há alguns anos, Mairal iniciava um forte debate sobre o risco da teoria do contrato administrativo, tal como se postula geralmente entre nós.[1] Sua hipótese ficou amplamente confirmada através dos fatos, que lhe deram a razão uma e outra vez, cada vez com mais contundência como se isso fizesse falta. Tinha a mais plena e absoluta razão. Não há na atualidade contrato administrativo que não seja perigoso para os direitos do contratado e, portanto, instrumento de coação e de corrupção, o que tampouco se traduz em tutela do usuário e do consumidor, senão ao contrário, maior falta de proteção para ambos.[2] A história se encarregou de reforçar a tese de Mairal, se alguém se animasse a abrigar dúvidas sobre o risco da noção, que é o risco

---

[1] MAIRAL, Héctor A. "De la peligrosidad o inutilidad de una teoría general del contrato administrativo". *El Derecho,* 179:655.

[2] MAIRAL, Héctor A. "Los contratos administrativos, en el marco de la emergencia pública argentina". *In:* ALANIS, Sebastián D. (coord.). *El derecho administrativo de la emergencia.* n. III. Buenos Aires: FDA, 2003, pp. 129-135; MAIRAL, Héctor A. "La teoría del contrato administrativo a la luz de recientes normativas". *In: El contrato Administrativo en la actualidad.* Buenos Aires: La Ley, 2004.

AS RAÍZES LEGAIS DA CORRUPÇÃO: OU COMO...

que correram alguns cultores do Direito Administrativo que estão sempre a favor do poder do momento, sem importar quem o exerce, pois é com ele que se fazem os negócios, não com os que estão fora do poder. Por isso é que o contrato administrativo está, além disso, armado para favorecer os negociados e a corrupção, a extorsão do particular, como explica Mairal no presente livro, o qual tenho a honra de apresentar.

Denúncias de corrupção há muitas, estudos teóricos sobre a corrupção também. Mas a originalidade desta obra de Mairal é mostrar que mais do que um "sistema paralelo" de corrupção, na realidade temos um sistema legal feito formal e expressamente para canalizar ou favorecer a corrupção: aqui não há inocentes. Assim como quando o funcionário público quer cometer alguma irregularidade, primeiro dita a nova norma geral que em seguida transforma em "obrigatória" a conduta que queria adotar, escudando-se agora - em um ato de suprema hipocrisia - no princípio de "legalidade," assim também as normas são projetadas não para controlar, senão para impedir o controle da corrupção. A corrupção geralmente se analisa através do olhar sobre seus culpados,[3] mas como

---

[3] Em nosso país há solidariedade em dar comida aos mais necessitados, mas não há solidariedade em pagar os impostos corretamente e trabalhar esforçadamente para o bem de todos. Também não há solidariedade em condenar publicamente os

conhecemos os corruptos e não os castigamos com a censura social que merecem, Mairal vai muito além na identificação das causas legais, estruturais, da corrupção e seus possíveis remédios.

Para Mairal, é o marco jurídico o que fomenta a corrupção, apesar do ditado de leis gerais de ética pública e da adoção de tratados internacionais contra a corrupção.[4] Não por nada, quando se votou no Congresso a Convenção Interamericana contra a Corrupção, o rascunho da sessão taquigráfica assinalava: "Risadas na sala". Estas leis e tratados anticorrupção não conseguiram impedir, no país, que o Direito atuasse independentemente como fator de corrupção, como seu melhor aliado.

Ao longo de seu trabalho, Mairal nos apresenta a análise tão aguda como atinada de cada um dos fatores legais que incidem direta ou indiretamente sobre a corrupção, e, além disso, aporta-nos diversos mecanismos de prevenção que poderiam estabelecer-se no que denomina Lei de Moralização. De forma especial, sugere que *"seria conveniente exigir que, antes*

---

corruptos: Meu artigo "Una celebración sin gloria". *La Ley*, Buenos Aires, 1091: Número Esp. Supl. de Der. Const. – 150° Aniversario de la Constitución nacional, abril de 2003, pp. 13-24.

[4] Recentemente foi sancionada a Lei n. 26.097 que a *Convención de las Naciones Unidas* aprovou contra a Corrupção adotada em Nova York no ano de 2003.

AS RAÍZES LEGAIS DA CORRUPÇÃO: OU COMO...

de aprovar todo projeto de lei ou regulamento que ordene uma indústria ou setor da atividade, ou que de outra maneira crie oportunidades para que a corrupção atue, seja preparando um estudo de seu impacto moral, a fim de determinar o possível efeito da nova norma na luta contra a corrupção". Qualquer um poderia pensar que isto é uma saída humorística, uma bobagem, mas não há autor mais sério do que Mairal: nem um sinal de um leve sorriso anima sua leitura quando propõe o estudo de impacto moral da legislação, antes de sancioná-la.

As causas legais da corrupção são para Mairal mais neutras do ponto de vista ideológico do que as econômicas e políticas, o que permitiria gerar um grau de coincidência tal que possibilitasse um acordo político que superasse as diferenças partidárias, a menos que todos os partidos estivessem de acordo em exercer e perpetuar a corrupção pública, a menos que já não tivéssemos futuro como sociedade. O que está claro é que se pode ser corrupto sendo da direita, do centro e da esquerda; faz-se corrupção desde o neoliberalismo que hoje está na moda injuriar, e a partir da intervenção reguladora e dirigista da economia que hoje está de moda tentar fazer com que reviva; desde o governo e fora dele. A corrupção não teme as ideias econômicas nem políticas. Vale tudo na hora de fazer dinheiro de forma imoral, desde o cabeça em uma escala descendente na qual ninguém quer ficar de fora.

É aqui onde a sociedade civil deve fazer um grande esforço para impor à sociedade política um mínimo ético indispensável, e Mairal o faz propondo múltiplas ideias neste combate contra as causas legais da corrupção. É também a missão que Mairal impôs aos advogados ao enfatizar continuamente o valor do Direito. Quando o Direito está presente, a corrupção diminui; quando o Direito desaparece, surgem outros fatores que incidem na decisão pública.

> A corrupção é o mais importante destes outros fatores (...). Esta é a mensagem que nós, os advogados, podemos dar, mensagem que excede a um determinado partido político e ainda a um determinado sistema econômico, porque o Estado de Direito é a única base sobre a qual se pode edificar um sistema econômico compatível com um regime republicano de governo.[5]

Tal mensagem não deve perder de vista a advertência que nos faz sobre a crise do Estado de Direito que estamos vivendo[6], no qual a degradação do Direito Constitucional e Administrativo produz

---

[5] MAIRAL, Héctor A. "El efecto de la crisis económica en el Derecho". *Doctrina Pública*, Buenos Aires: RAP, XXVI-2, pp. 239-245.

[6] MAIRAL, Héctor A. "La degradación del derecho público argentino". *In:* SCHEIBLER, Guillermo (coord.). *El derecho administrativo de la emergencia.* n. IV. Buenos Aires: FDA, 2005, pp. 17-32.

AS RAÍZES LEGAIS DA CORRUPÇÃO: OU COMO...

graves consequências que afetam o funcionamento básico de nosso sistema econômico e social, não somente jurídico e político.[7] Nossa viabilidade no mundo depende de que possamos superá-la.

Mairal toma assim uma posição de liderança por sua significativa contribuição na luta contra a corrupção sistêmica e endêmica na Argentina.[8] Resta a nós, argentinos, que ainda sentimos vergonha pela corrupção alheia, o dever moral de lê-lo e colocá-lo em prática na medida de nossas forças.

Prof. Agustín Gordillo

Professor Emérito da Universidade de Buenos Aires.
Juiz do Tribunal Administrativo da Organização
Europeia de Direito Público.

---

[7] Em algum momento disse que as palavras de Mairal pareciam ainda pouco, era também a degradação do tecido social e do aparato produtivo, da própria esperança por momentos: "esforçadamente para o bem de todos. Também não há solidariedade em condenar publicamente os corruptos: Meu artigo "Una celebración sin gloria". *La Ley*, Buenos Aires, 1091: Número Esp. Supl. de Der. Const. – 150° Aniversario de la Constitución nacional, abril de 2003, pp. 13-24.

[8] Podemos medir simplesmente a magnitude que deve ter a luta contra a corrupção com base na informação que está ao nosso alcance. No relatório anual de 2004 de *Transparency Internacional,* a República Argentina recebeu uma pontuação de 2,5 (109° lugar), segundo o Índice de Percepção da Corrupção 2004 (escala de 0 a 10) sobre um total de 146 países.

I
introdução

1.1 AS DIVERSAS CAUSAS DA CORRUPÇÃO

Em quase todos os países existem pessoas que, a partir do setor público ou privado tentam, através de práticas incorretas, obter vantagens ilegítimas ao se relacionar com o Estado. Dito com mais precisão, em quase todos os países se produzem intercâmbios ilegais pelos quais funcionários públicos recebem dinheiro ou outros benefícios de grupos privados em troca de outorgar-lhes um tratamento favorável na adoção de decisões oficiais.[1]

---

[1] Esta definição segue a que Luigi Manzetti propõe em "Market Reforms Without Transparency". *In:* TULCHIN, Joseph S.; ESPOCH, Ralph; H. *Combating Corruption in Latin America.* Maryland: Johns Hopkins University Press, 2000, pp. 130 e 143. Outra definição muito utilizada é a proposta por Nye há quase 50 anos: "conduta que se afasta dos deveres formais de uma função

Apesar deste fenômeno ser observado em escala mundial, seu grau de difusão difere significativamente entre os diversos países. Em alguns o fenômeno é esporádico, em outros a corrupção se instalou como um modo necessário para poder operar normalmente em certos setores da sociedade e da economia. Para dizê-lo com palavras de Mariano Grondona, nos primeiros há *atos de corrupção,* enquanto que nos últimos cabe falar de um *estado de corrupção.*[2]

Na Argentina tem-se a percepção, apoiada em dados da realidade e confirmada por pesquisas nacionais e internacionais, de que sua difusão é muito alta, inclusive em comparação com países vizinhos e de similares características sociais, econômicas e culturais: "O fenômeno da corrupção está maciçamente generalizado na sociedade argentina" afirmava Carlos Nino em 1992[3], enquanto que Luis Moreno Ocampo

---

pública devido a um interesse privado – pessoal, familiar ou de âmbito privado – de lucro pecuniário ou de status; o que viola regras contra o exercício de certos tipos de influência (que levam em consideração) interesses privados (NYE, Joseph. "Corruption and Political Development: a Cost-benefit Analysis". *American Political Sciences Review*, vol. 56, 1967, p. 419; *apud* LAZAR, Sian. "Citizens Despite the State: everyday corruption and local politics in El Alto, Bolívia". *In:* HALLER, Dieter; SHORE, Cris (coord.). *Corruption:* antropological perspectives. Michigan: Pluto Press, Ann Arbor, 2005).

[2] *La corrupción.* 3ª ed. Buenos Aires: Planeta, 1993, pp. 20-22.

[3] *Un País al Margen de la Ley.* Buenos Aires: Emecé, 1992, p. 110.

I - INTRODUÇÃO

qualificou a situação argentina de *hipercorrupção*.[4] De acordo com uma pesquisa Gallup de 1996, 97% do público da Grande Buenos Aires considerava que o nível de corrupção na Argentina é alto ou muito alto, enquanto que a *Transparency International* colocava a Argentina no 35º lugar entre 54 países ordenados de menor a maior de acordo com seu nível de corrupção, significativamente atrás do Chile (n. 21)[5], resultado que se repetia em um índice preparado pela mesma organização e no qual com um índice de 3 para o ano de 1998 (de um máximo de 10 para os países nos quais não se observam práticas corruptas como ocorre com a Nova Zelândia), a Argentina estava atrás do Chile (6,8), do Uruguai (4,3) e ainda do Brasil (4).[6] A percepção desde então não melhorou. No indicador da *Transparency International* correspondente a 2011, a qualificação da Argentina se mantinha no mesmo nível (3 de 10) e ocupávamos o 100º lugar de 182 países,

---

[4] "Una Propuesta de Acción". *In:* GRONDONA, Mariano. *La corrupción*. 3ª ed. Buenos Aires: Planeta, 1993, pp. 119 e 130.

[5] MORENO OCAMPO, Luis. "Structural Corruption and Normative Systems: the Role of Integrity Pacts". *In:* TULCHIN, Joseph S.; ESPOCH, Ralph H. (coord.). *Combating Corruption in Latin America*. Baltimore: Johns Hopkins University Press, 2000, pp. 53 e 58.

[6] WHITHEAD, Lawrence. "High Level Political Corruption in Latin America". *In:* TULCHIN, Joseph S.; ESPOCH, Ralph H. (coord.). *Combating Corruption in Latin America*. Baltimore: Johns Hopkins University Press, 2000, pp. 107 e 114.

atrás de diversos países sul-americanos: Chile (22º), Uruguai (25º), Brasil (73º) e Peru (80º).

Muitos fatores incidem sobre o grau de corrupção em um determinado país: culturais, sociais, econômicos e políticos. Assim, por exemplo, cabe perguntar-se se o culto à amizade que se observa nos países latinos não esconde um germe de corrupção ao criar vínculos interpessoais muito mais fortes do que os que ligam o cidadão com o Estado.[7] Como diz Carlos Montaner[8]:

> Uma alta porcentagem de latino-americanos promove ou tolera relações nas quais se

---

[7] Na verdade, esse culto se evidencia mais no contraste entre a tolerância com os íntimos e o maltrato dado aos estranhos, do que na aceitação de cargas ou no sacrifício de vantagens para beneficiar os íntimos. Sobre os efeitos perniciosos do ponto de vista cívico que estes vínculos ocasionam, ver NINO, Carlos S. *Un País al Margen de la Ley*. Buenos Aires: Emecé, 1992, pp. 199-201. Para um estudo de um povoado do sul da Itália que evidencia forte paralelismo com a sociedade argentina, especialmente as 17 regras que se aplicam em uma sociedade de "familieros amorais", ver BANFIELD, Edward C. *The moral basis of a backward society*. New York: The Free Press, 1958.

[8] "Culture and the Behavior of Elites in Latin America". *In:* HARRISON, Lawrence; HUNTINGTON, Samuel (coord.). *Culture Matters*: how Values shape human progress. (2000) *apud* LAVER, Roberto. "The World Bank and Judicial Reform: overcoming Blind Spots in the approach to Judicial Independence". *Duke Journal of International Law*, 22, 2012, pp. 183-238. Disponível em http://scholarship.law.duke.edu/djcil/vol22/iss2/2.

I - INTRODUÇÃO

> premia a lealdade pessoal e o mérito é substancialmente ignorado. Na cultura latino-americana a lealdade raramente se estende além do círculo de amizades e da família. É por isso que se desconfia profundamente do setor público e a noção do bem comum é muito fraca.

Um funcionário que aplique rigorosamente a lei administrativa (aduaneira, fiscal etc.) a um familiar ou a um amigo será socialmente objeto mais de críticas do que de elogios.

Quanto aos fatores econômicos, é corrente a opinião de que um sistema econômico intervencionista, com controles de câmbios e de preços e com uma economia separada do exterior por altos impostos de aduana, favorece a corrupção ao criar a possibilidade de grandes lucros para aqueles que, de fato ou de direito, podem excetuar-se do cumprimento das normas restritivas. Ludwig von Mises afirmava categoricamente: *"O intervencionismo engendra sempre corrupção"*.[9] Sustenta-se inclusive que as oportunidades de corrupção são a verdadeira razão que motiva a implementação de políticas intervencionistas: não é mal pensar, diz o professor Alejandro Nieto, com respeito à realidade espanhola, *"que o prodigioso aumento*

---

[9] *La Acción Humana*. 4ª ed. Madrid: Unión Editorial S.A., 2015, p. 1065.

da intervenção administrativa em todos os campos da vida econômica e social está inspirado com frequência no afã de estender simultaneamente as possibilidades de corrupção".[10]

Em sua clássica obra *El Otro Sendero*, Hernando de Soto é eloquente na crítica ao que denomina *direito redistributivo* que surge quando o direito é concebido *"como um instrumento para redistribuir a riqueza e não para facilitar sua criação".* Não deveria surpreender, diz este autor, *"que o suborno e a corrupção sejam características resultantes de um sistema de direito no qual a competição pelas rendas se converteu na forma predominante de produzir a lei".*[11] Estas palavras parecem ser escritas para nosso país, que durante o ano de 2002 viveu uma avalanche normativa que, tal como a loteria da Babilônia que Borges imaginou, empobreceu diversos setores da população e enriqueceu outros.[12]

Essa concepção do direito redistributivo pode ser uma das causas de uma atitude que sempre nos surpreendeu: o pouco respeito que os funcionários argentinos têm pelos patrimônios privados e a aceitação que essa atitude encontra em grandes setores

---

[10] *Corrupción en la España Democrática*. Barcelona: Ariel, 1997, p. 240.

[11] *El Otro Sendero*. Buenos Aires: Sudamericana, 1987, pp. 239 e 241.

[12] Descrevemos o ocorrido nessa época na Argentina: "El Derecho en Tiempos de Cólera". *Actualidad Jurídica*, Madrid: Uría & Menéndez, n. 3, 2002.

I - INTRODUÇÃO

da sociedade. Acostumados a tratar com uma classe empresarial que ganha dinheiro com as distorções do mercado que, com seu poder de lobby, pode obter do Estado, os funcionários públicos acabam se considerando os verdadeiros criadores e, portanto, donos de toda a riqueza privada.

Em uma visão crítica de certos aspectos do processo de privatização na América Latina, observou-se que a corrupção pode também encontrar oportunidades e desenvolver-se tanto durante a etapa da própria privatização como na subsequente etapa regulatória.[13] Há quem dá por assentado que a corrupção cresce nos governos de direita.[14]

Na verdade, quando um sistema político está contaminado pela corrupção encontrará oportunidades para obter subornos sob qualquer regime econômico. Por isso, frente à dificuldade de estabelecer mecanismos precisos de medição de um fenômeno principalmente clandestino como é a corrupção, a comparação entre o maior ou menor impacto que diferentes regimes econômicos têm sobre a corrupção será sempre matéria opinável e grandemente influenciada pelas

---

[13] "Market Reforms Without Transparency". *In:* TULCHIN, Joseph S.; ESPOCH, Ralph H. (coord.). *Combating Corruption in Latin America*. Baltimore: Johns Hopkins University Press, 2000.

[14] *Cf.* TENEMBAUM, Ernesto. *Enemigos*. Buenos Aires: Grupo Editorial Norma, 2004, p. 73.

preferências ideológicas do intérprete. *"[A] corrupção não é quantificável mais que a partir de uma perspectiva estritamente subjetiva"*.[15]

Algo similar ocorre com as causas políticas da corrupção. Algumas pessoas poderiam pensar que um sistema político, no qual a desqualificação do adversário e a impugnação de seu patriotismo prevalecem sobre a discussão racional dos problemas e suas possíveis soluções, favorece a corrupção, já que o valor cívico de descobrir e punir os funcionários corruptos será normalmente sacrificado pela solidariedade partidária. Que isso seja utilizado como argumento da luta política, com alcances mais retóricos que de fundo, é uma atitude que nos vem de longe: *"Uma arma moral esgrimiam então os políticos miúdos, e era o recurso grosseiro de se acusarem mutuamente de malversadores dos cofres públicos, que surtia muito bom efeito no povo"* contava Benito Pérez Galdós, descrevendo a política espanhola na época da Junta de Cádiz.[16] Pelo contrário, outros analistas arguirão que a alternância

---

[15] SABÁN GODOY, Alfonso. *El Marco Jurídico de la Corrupción*. Madrid: Cívitas, 1991, p. 14. Sobre a dificuldade de comparar os níveis de corrupção em distintos regimes políticos, ver GONZÁLEZ AMUCHÁSTEGUI, Jesús. "Corrupción, Democracia y Responsabilidad Política". *In:* CARBONELL, Miguel; VÁZQUEZ, Rodolfo (coord.). *Poder, Derecho y Corrupción*. México: Siglo XXI, 2003, pp. 72/73.

[16] *Episodios Nacionales:* Gerona. Madrid: Aguilar, 1981, p. 754.

I - INTRODUÇÃO

no poder de inflamados adversários políticos é o que permite lançar luz periodicamente sobre o fenômeno, enquanto que a sucessão de regimes reciprocamente condescendentes favorece a que se façam pactos de silêncio que protegem todos os seus integrantes.[17] Novamente, a posição do intérprete dará cor inevitavelmente à sua visão.

Por isso pode ser útil dirigir o olhar para as causas jurídicas da corrupção, que são mais neutras do ponto de vista das preferências ideológicas. Embora elas não o sejam totalmente, é possível que o grau de coincidência, e com isso a possibilidade de se gerar um acordo político que supere as discrepâncias partidárias, seja maior quando se tenta corrigir os aspectos jurídicos do que quando a crítica afeta o sistema econômico ou político. Em outras palavras, enquanto combater as causas econômicas ou políticas da corrupção pode levar a uma discussão insolúvel, pessoas de diferentes correntes de pensamento, mas igualmente motivadas em combater o flagelo, podem coincidir mais facilmente em corrigir as causas jurídicas da corrupção.

---

[17] *Cf.* MONTANELLI, Indro; CERVI, Mario. *L'Italia degli Anni di Fango*. Milán: Rizzoli, 1995, pp. 296-320; e VANNUCCI, Alberto. "La corrupción en los sistemas políticos democráticos. Algunas notas para un análisis comparado". *In:* CARBONELL, Miguel; VÁZQUEZ, Rodolfo (coord.). *Poder, Derecho y Corrupción*. México: Siglo XXI, 2003, p. 103.

Falamos nas causas jurídicas da corrupção porque o Direito, além de servir de instrumento para um sistema econômico que fomente a corrupção, também pode atuar independentemente como fator de corrupção. Isso não deixa de ser paradoxal já que sua missão deveria ser coadjuvar na luta contra o fenômeno. No entanto, em nosso país se observa que em muitos casos atua como seu aliado.

O presente trabalho constitui, portanto, uma tentativa de descrever alguns dos fatores jurídicos que criam um campo fértil ou, inclusive, funcionam como causa direta da corrupção, independentemente do sistema econômico ou político imperante, e apontar preliminarmente alguns possíveis remédios. Observamos, desde já, que o problema excede a um determinado regime ou partido. Situações, como as que descrevemos no presente, vêm tendo lugar em nosso país há décadas.

O enfoque escolhido é neutro também sob um segundo ponto de vista: o de analisar certos regimes jurídicos que permitiriam que a corrupção florescesse não implica, necessariamente, considerar que os corpos administrativos que hoje aplicam tais regimes estejam atingidos pelo vício. Em lugar de uma análise detetivesca, mais própria do direito penal, que muitas vezes cai na acusação infundada e que, de todos os modos, já conta com uma rigorosa normativa e abundante literatura, propõe-se uma análise conceitual que não se dirige a

I - INTRODUÇÃO

determinadas pessoas ou instituições. Portanto, os exemplos de normas inconvenientes ou de práticas incorretas, que se expõem a seguir, não abrem juízo sobre a conduta dos funcionários que as aplicam. Muitas vezes os exemplos versarão sobre os principais órgãos da administração nacional, cuja atuação está sujeita a diversos controles e é levada a cabo ante o permanente escrutínio público, sendo, portanto, injusto apontá-los como envolvidos sistematicamente em condutas delitivas. Mas, tais exemplos são necessários porque demonstram como, nos mais altos níveis da administração pública, utilizam-se normas que deixam campo aberto para a corrupção. Do contrário, seria impossível a análise que propomos: restringir o estudo às normas, que os órgãos previamente definidos como corruptos aplicam, obrigaria a recair na crítica personalizada que se procura evitar. Por isso, a relevância na apresentação deste trabalho, demonstrando que os exemplos utilizados afetam instituições de correta atuação ou trasladando o ônus da prova, e exigindo que se demonstre que tais órgãos atuam incorretamente, para somente então analisar se a normativa que aplicam é correta. Porque, se as normas, cuja modificação se procura, foram ditadas apesar da intervenção dos principais corpos de assessoramento jurídico do Estado Nacional, o mesmo cabe pensar das que são aplicadas pelos órgãos centrais de menor importância ou aqueles que integram as jurisdições provinciais ou municipais.

HÉCTOR A. MAIRAL

O enfoque proposto é diferente do geralmente seguido quando se tenta combater a corrupção por meios jurídicos, ainda que complementar a ele. Estes meios, comumente, procuram desalentar a corrupção através da punição aos culpados, para o que estabelecem obrigações de diversos tipos para os funcionários públicos, tipificam delitos, estabelecem penas, impõem incompatibilidades, proibições e controles, permitem presunções e adotam outras medidas de dissuasão e perseguição. Assim ocorre com as leis que foram ditadas em nosso país nestes últimos anos e com os tratados que durante esses mesmos anos o Congresso aprovou.[18] Ao contrário,

---

[18] Nosso país ratificou duas convenções internacionais para combater a corrupção (a *Convención Interamericana contra la Corrupción*, aprovada em 1996 pela Lei n. 24.759, e a *Convención de la OCDE* de 1997 sobre a Luta contra a Corrupção dos Funcionários Públicos Estrangeiros nas Transações Comerciais Internacionais, aprovada em 2000 pela Lei n. 25.319). Além disso, ditou em 1999 a Lei de Ética no Exercício da Função Pública n. 25.188, regulamentada pelo Decreto n. 164/99 (revogado em grande medida pelo Decreto n. 808/02), e sancionou um Código de Ética da Função Pública pelo Decreto n. 41/99. A respeito disso, ver IVANEGA, Miriam M. *Mecanismos de Control Público y Argumentaciones de Responsabilidad.* Buenos Aires: Ábaco, 2003, pp. 234-243; GORDILLO, Agustín. "Un corte transversal al derecho administrativo: la Convención Interamericana contra la Corrupción". *La Ley*, 1997-E, 1091; COMADIRA, Julio R. "Función Pública y corrupción". *In:* REIRIZ, María Graciela (coord.). *Derecho Administrativo y Aportes para el Rediseño Institucional de la*

I - INTRODUÇÃO

não se costuma prestar atenção ao marco jurídico que fomenta a corrupção nem aos possíveis remédios para evitar tal consequência e, na medida do possível, preveni-la. No entanto, o enfoque que se propõe é útil: "Para evitar a corrupção – diz Luis Moreno Ocampo – é mais importante detectar sistemas culpados do que pessoas culpadas".[19]

Uma observação prévia se impõe. Combater as causas jurídicas da corrupção somente tem sentido em um Estado de Direito. E, por sua vez, para que exista um Estado de Direito é necessário que se respeite o princípio de separação dos poderes. Pelo contrário, quando o Poder Executivo goza de faculdades legislativas quase a par do Congresso, como

---

República. Buenos Aires: LexisNexis/Abeledo-Perrot, 2004, p. 463; JEANNERET DE PÉREZ CORTÉS, María. "Ética y Función Pública". *La Ley*, 2005-D, 1097; NIELSEN, Federico; COMADIRA, Juan P. "Apuntes sobre los principios de la ética pública en el derecho argentino". *Documentación Administrativa,* n. 267/268, Madrid: Instituto Nacional de Administración Pública, 2005, p. 135. Finalmente, cabe citar os artigos 256 a 268 do Código Penal que sancionam diversos delitos contra a administração pública que podem ter lugar no marco da contratação pública. A esse respeito, ver RIMONDI, Jorge Luis. *Calificación Legal de los Actos de Corrupción en la Administración Pública*. Buenos Aires: Ad-Hoc, 2005.

[19] "Una Propuesta de Acción". *In:* GRONDONA, Mariano. *La corrupción*. 3ª ed. Buenos Aires: Planeta, 1993, p. 125.

ocorre atualmente em nosso país, graças aos decretos de necessidade e urgência na reforma constitucional de 1994 e da amplíssima delegação legislativa que ela permite, o controle jurídico da corrupção depende da vontade do Presidente da República, já que está em suas mãos ditar normas com hierarquia de lei para lidar, de forma prévia ou retroativa, com a conduta da administração. Como impugnar juridicamente uma operação irregular aprovada por um decreto de necessidade e urgência ratificado, anos depois, graças a um acordo político, por uma lei de orçamento[20]? Por outro lado, se – como afirmamos neste trabalho – a outorga de faculdades discricionárias excessivas e desnecessárias fomenta a corrupção, qual maior discricionariedade do que a que possibilita o exercício unipessoal da faculdade legislativa? Devido à profusa literatura jurídica existente sobre esse particular não consideraremos este tema no presente trabalho, contudo, cabe a advertência: enquanto o Presidente da República puder legislar, o combate contra a corrupção somente atingirá quem a vontade política do momento decidir deixar de proteger ou quem tiver sido pouco precavido. Cairão os pequenos, mas os casos mais importantes ficarão impunes.

---

[20] A Lei n. 26.122, de recente sanção, já não exige a ratificação expressa, dado que o decreto de necessidade e urgência rege enquanto as duas Câmaras do Congresso não tiverem acordado em deixá-lo sem efeito.

I - INTRODUÇÃO

1.2 A CORRUPÇÃO ESPONTÂNEA E A INDUZIDA

Podem-se observar duas formas opostas de corrupção: uma é aquela na qual a iniciativa provém de quem se beneficiará com a conduta pública que procura obter com o suborno que oferece. Esta forma pode denominar-se espontânea ou voluntária, dado que a iniciativa corresponde à contraparte do funcionário. Um exemplo curioso deste tipo de corrupção encontramos no filme canadense "A Decadência do Império Americano – Segunda parte" quando um particular oferece dinheiro à diretora de um hospital público para que lhe seja dado um quarto privativo a seu pai que está gravemente enfermo. A surpresa e negativa inicial da diretora evidenciam claramente que a iniciativa, nesse caso, partiu somente do particular.

A outra forma é aquela na qual o funcionário público exige um ato de corrupção para levar a cabo a conduta que lhe é requerida pelo solicitante. Esta forma pode denominar-se induzida ou obrigada, dado que a iniciativa parte do próprio funcionário e sua contraparte, isto é, o particular, se vê induzido ou obrigado a aceder.

Entretanto, na verdade, as duas formas opostas são conceitos teóricos que, na prática, se encontram frequentemente misturados. Em relativamente poucos casos, a iniciativa corresponde totalmente ao particular, como ocorre no exemplo citado acima. Quanto mais suspeito de corrupção for um país, um organismo ou um determinado funcionário, mais alto é o grau de indução do ato de corrupção, ou seja, mais alta é a proporção da iniciativa que corresponde ao funcionário público.

Há situações em que existe um pedido tácito de suborno por parte do funcionário, já que é do conhecimento geral de quem atua frente a ele de que sem suborno não se obterá a conduta desejada ou se obterá depois de uma espera exagerada e desnecessária.

Internacionalmente distingue-se a grande e a pequena corrupção. A grande corrupção é a que aparece principalmente na outorga dos grandes contratos do Estado, a apropriação de fundos públicos, os retornos ("*kick-backs*") que os contratantes pagam aos funcionários públicos e a privatização de empresas públicas a preços de liquidação. A pequena é a que envolve pequenos subornos, a obrigação de certos funcionários públicos ou particulares, que recebem compensações do Estado, de devolver parte do salário ou compensação a quem os beneficiou com a designação ou outorga e o controle fiscal discricionário.[21]

---

[21] LAVER, Roberto. "Good News in the Fight Against Corruption". *The Rev. of Faith & Int.'l Affairs*, 8:4, pp. 49-57, 2010.

I - INTRODUÇÃO

As soluções jurídicas que o presente trabalho propõe tentam especialmente reduzir a frequência da corrupção induzida. Entretanto, seria um erro identificar a corrupção induzida com a chamada pequena corrupção e menosprezar sua importância. Os casos de grande corrupção são relativamente poucos e, por isso, se existisse vontade política, poderiam ser detectados ou evitados. Pelo contrário, a corrupção induzida tem mil cabeças e está impregnada em grande parte da administração pública.

A corrupção induzida é, definitivamente, a mais fácil de prevenir com meios jurídicos. Restará sempre um *núcleo duro* de pessoas que tentam se beneficiar com a indevida manipulação dos assuntos públicos. Mas pode-se evitar que muitas pessoas, que prefeririam trabalhar honestamente, recorram à corrupção como única solução possível frente à carência de remédios eficazes perante um regime jurídico opressivo.

Por outro lado, a importância social e econômica da corrupção induzida é enorme. Ela converte em regra o que deveria ser a exceção e dificulta a luta contra o flagelo. Quando todo mundo se vê induzido ou, inclusive, obrigado a aceitar a corrupção, ninguém tem a consciência tranquila para criticá-la ou denunciá-la. Além disso, esta forma de corrupção é a que afeta primordialmente as empresas corretas e, ao longo do tempo, crescentemente, vai excluindo-as do mercado em benefício das inescrupulosas, como consequência das leis que diversos países vão ditando contra a corrupção no estrangeiro. Também não se pode deixar de considerar as cifras que ela move.

O seguinte exemplo, extraído da realidade, demonstra estas afirmações. Os funcionários que devem inspecionar os navios antes da carga em um porto argentino exigem um pagamento de dez mil dólares para desembarcar imediatamente o navio quando este chega. Caso contrário, obrigam-no a permanecer três dias ou mais na enseada, com um custo e estadias muito superior ao suborno exigido. Numa média de seis navios por dia, o suborno total supera anualmente vinte milhões de dólares. Além disso, os armadores provenientes de países que penalizam a corrupção praticada por suas empresas no estrangeiro começam a deixar o transporte. Seu lugar é ocupado por armadores de países com regras mais brandas, os quais rapidamente chegam a um *modus vivendi* com os funcionários: pagam, mas não são inspecionados meticulosamente. A perda para o país é múltipla: menor afluência de armadores o que diminui a concorrência e sobem assim os fretes, maior custo dos portos argentinos, que se traslada para trás reduzindo o preço que os produtores nacionais cobram[22], e menos controle dos navios que operam em nossos portos.

---

[22] Isso porque o preço interno dos produtos que cotizam nos mercados internacionais (*commodities*) é igual ao preço internacional menos os custos de frete e seguro e menos o imposto à exportação.

I - INTRODUÇÃO

O exemplo demonstra como a corrupção induzida, que geralmente começa exigindo o suborno para levar a cabo algo a que, quem solicita, tem direito, pode chegar a fazer com que as normas estabelecidas para o controle oficial percam valor.

Portanto, finalmente, a generalização da corrupção induzida, esteja ela limitada a ditar atos corretos ou não, desemboca em um corpo de funcionários ao qual as pessoas que carecem de valores morais aspiram, aquelas que veem no cargo público uma oportunidade para enriquecer e não para ganhar a vida honestamente, tampouco para servir a seus concidadãos.

1.3 O DIREITO, ALIADO DA CORRUPÇÃO

Para entender como funciona o Direito em prol da corrupção, partimos da premissa de que uma pessoa normal, confrontada com uma solicitação clara e razoável da norma, cuja violação é controlada e sancionada seriamente, preferirá cumpri-la antes de arriscar-se à sanção. Nós argentinos não somos uma exceção: observe-se o comportamento, em geral, de nossos compatriotas quando residem em países cujos sistemas jurídicos seguem essas pautas.

Certas características de um sistema jurídico, no entanto, podem chegar a mudar essa preferência em uma determinada porcentagem de casos ou, ainda sem mudá-la, a colocar as pessoas em situação de não cumprimento passível de punição, apesar de tentarem cumprir a norma ou acreditarem no que estão fazendo. Assim ocorre com o Direito Argentino devido às seguintes características que apresenta:

- A própria existência da norma costuma ser desconhecida para grande parte das pessoas que deveriam cumpri-la;

- Devido às contínuas mudanças normativas, é difícil saber com certeza qual é o texto vigente da norma aplicável;

- As normas costumam ser pouco claras e admitir diversas interpretações, algumas das quais elevam, e outras reduzem, consideravelmente o custo de seu cumprimento;

- As normas são frequentemente de validade duvidosa;

- De fato ou de direito, as normas costumam permitir ao funcionário determinar, com uma alta margem de discricionariedade, o grau de cumprimento que cabe exigir de cada particular ou de cada categoria deles;

- Muitas vezes é difícil ou impossível cumprir à risca a norma, ou o custo de seu cumprimento é muito elevado, colocando em risco a conti-nuidade da conduta privada ou, simplesmente, impedindo-a;

I - INTRODUÇÃO

- O controle costuma ser laxo, por isso a probabilidade da detecção do não cumprimento é muito reduzida;

- Ainda, sem que o controle seja laxo, a autoridade costuma permitir o funcionamento de um setor da sociedade em violação da norma e pune uma porcentagem reduzida de não cumpridores, aos quais seleciona nem sempre com critérios transparentes e politicamente neutros;

- Em alguns casos (como ocorre em matéria ambiental) é mais barato afrontar as multas do que levar a cabo as tarefas de correção e remediação que a lei impõe;

- Ainda que a punição prevista seja muito grave, as vantagens derivadas do não cumprimento da norma geralmente são tão elevadas que justificam correr o risco de detecção.

Por outro lado, a discricionariedade do funcionário público argentino, responsável por controlar e punir o descumprimento, é muito grande devido à presença dos seguintes fatores adicionais:

- Nem sempre é possível, para os particulares, obter a oportuna intervenção judicial para confirmar o sentido ou a validade da norma, sem correr o risco de ser punido por seu não cumprimento;

HÉCTOR A. MAIRAL

- A punição costuma ser de tal gravidade que pode levar o descumpridor à prisão ou à falência;

- O controle administrativo sobre o funcionário sancionador é escasso. Mais ainda, a punição é bem vista, embora seja injusta, já que ela isenta o funcionário de suspeitas de parcialidade;

- O controle judicial sobre a decisão do funcionário é ineficaz, por ser lento, caro ou pela existência de doutrinas jurídicas que permitem prever uma decisão contrária ao particular.

Todas estas circunstâncias, por um lado, incentivam o não cumprimento da norma e, pelo outro, criam ou aumentam a falta de defesa jurídica dos particulares. Ora bem, a corrupção se faz presente ali onde o particular se encontra juridicamente indefeso frente ao funcionário. Isso porque toda pessoa colocada em situação de descumprimento legal é matéria disponível para a corrupção, seja por iniciativa dela mesma ao ver-se descoberta, seja por iniciativa do funcionário. Desembocamos assim na insegurança jurídica como campo fértil para a corrupção. Combatendo aquela, limita-se esta última.

COMENTÁRIOS À EDIÇÃO BRASILEIRA

Mairal desenvolve a Introdução explanando sobre as causas da corrupção. De todos os itens,

I - INTRODUÇÃO

acreditamos merecer destaque o que se aborda no item 1.3: "O direito, aliado da corrupção". Lista, de forma clara, as características do Direito argentino que levam à corrupção.

As hipóteses de imperfeições da legislação e distorções apontadas para a Argentina estão presentes no Brasil. Nisso, mais uma vez, os dois países confirmam-se como irmãos. Cremos, de forma geral e empírica, que as mesmas situações são encontráveis em muitos outros países, não só da América Latina.

Anotamos que, no Brasil:

- Em muitíssimos casos baixam-se portarias, resoluções e quejandos, a deitar obrigações e sanções próprias de leis formais, em muitas vezes, objetivando "criar dificuldades para vender facilidades";

- As leis padecem de má elaboração, a grande maioria delas absolutamente inconstitucionais e lacunosas, com imperfeições que chegam ao cúmulo de ditar regras (leis federais) para Estados e Municípios, quando o artigo 18 da Constituição Brasileira institui o regime federativo, já todo pisoteado e jogado às traças.

Everardo Maciel, ex-Secretário da Receita Federal do Brasil, escreveu excelente artigo intitulado

"As raízes da corrupção no Brasil".[23] Vale, neste passo, pela consistência e concisão de seus conceitos, reproduzir alguns:

> Considerando as múltiplas causas da corrupção, tem destaque a impunidade associada à morosidade dos processos que maltrata os inocentes e faz a alegria dos culpados. A matéria ainda carece de um debate aprofundado, que permita encontrar saídas que conciliem agilidade processual com direitos à ampla defesa, para não falar de um maior incentivo aos meios alternativos para solução de litígios, a exemplo da mediação por arbitragem. A única certeza é de que a legislação processual necessita de mudanças (...). Eleições são fontes inesgotáveis de corrupção (...). "É necessário perquirir a razão pela qual há um aviltamento moral no Congresso Nacional. Em boa medida, a explicação se encontra na degradante subtração de sua missão constitucional de legislar e fiscalizar, em virtude, sobretudo, do abuso das medidas provisórias.
>
> (...)
>
> Enquanto permanecerem as causas que geram essa modalidade de corrupção, é somente esperar pelo próximo escândalo, que será mitigado por uma investigação de Comissões

---

[23] "Economia & Negócios". *Estadão.com.br*, 2 de janeiro de 2012.

I - INTRODUÇÃO

de Ética ou demissão de alguma autoridade. Enfim, todos confiam, como proclamou um dos investigados no escândalo do mensalão, que o tempo se encarregará de apagar de nossa complacente memória a história da corrupção e seus personagens.

(...)

Outras hipóteses de corrupção poderiam ser exploradas. De tudo, todavia, resta a conclusão de que vivemos uma perturbante crise axiológica, em que nossos valores estão sendo jogados ao rés do chão". ... "A eliminação do "ovo da serpente" da corrupção não é tarefa fácil, porque reclama lideranças políticas capazes de mobilizar a sociedade para esse objetivo, em bases estritamente democráticas. A reversão dessa crise moral, entretanto, é condição indispensável para construção do futuro do país.

Anotamos que o Congresso Nacional do Brasil rejeitou projeto de lei que tornaria facultativo o voto, com o que manteve a denominada "massa de manobra" nas eleições.

A corrupção é um problema excruciante no Brasil e a luta que aparentemente se trava contra ela, é uma luta que dá sinais de derrota. A classificação do Brasil na ordem dos países menos corruptos melhorou nos últimos anos, do 73º lugar para, agora, 69º lugar. Mas, nenhum consolo nisso.

Isto não obstante termos, no Brasil, leis e instrumentos de combate à corrupção. Entre outros, vale mencionar a Lei n. 8.429/92, que dispõe sobre a improbidade administrativa; a recente Lei n. 12.846, de 1 de agosto de 2013, que dispõe sobre a responsabilização administrativa e civil de pessoas jurídicas pela prática de atos contra a administração pública, nacional e estrangeira; o Código Penal Brasileiro que prevê o crime de corrupção ativa e passiva; e, especialmente, o poder constitucional do Ministério Público de investigar e combater a corrupção (art. 129 de C.F.). E inobstante o Brasil ter subscrito a Convenção Interamericana contra a Corrupção, aprovada pelo Decreto n. 4.410, de 7 de outubro de 2002.

Corrupção é um crime tão interessante que vem em vários formatos. Simplificadamente: corrupção ativa, corrupção passiva, e corrupção ativa e passiva. Passiva, quando o agente público pede uma propina ou qualquer outra coisa para fazer ou deixar de fazer algo; não importando se o "pedido" é aceito ou não; o crime é cometido a partir do momento em que se pede a coisa ou vantagem, e a polícia pode intervir para prender o criminoso, isto é, quem solicitou a vantagem indevida, desde o momento inicial. A ativa, quando o cidadão oferece alguma coisa para que o agente público faça ou deixe de fazer algo que não deveria; o criminoso é quem oferece a propina e não o agente público, que poderia inclusive solicitar

I - INTRODUÇÃO

a prisão do ofertante; configura-se o crime, independentemente do agente público aceitar ou não a "oferta". A ativa e passiva, quando aceita a "oferta", ambos cometem crime; um o de corrupção ativa e o outro o de corrupção passiva.

Os resultados do combate à corrupção no Brasil tem sido pífios e ela campeia, de forma geral, em todos os órgãos e entidades da Administração Pública. A corrupção efetivamente aumenta ao invés de diminuir, o que seria o resultado de um combate eficiente e produtivo. Informam os jornais, as televisões, e outros meios de comunicação, diariamente, a ocorrência de crimes de corrupção, além da violência contra os cidadãos.

Mas a desesperança não pode prevalecer. Paul Volcker, antigo Presidente do Banco Central Americano, em uma palestra, denominada "Corrupção e a Prevalência do Direito", proferida na Conferência Anual de 2013, da IBA (*International Bar Association*), em Boston, EUA (*Rule of Law Symposium)*, expressou conceitos relevantes, entre os quais:

> A combinação de uma fraca prevalência do Direito e a corrupção não é apenas economicamente debilitante, mas ameaçadora da saúde política das novas e das velhas democracias (...). Há abundancia de debates sobre o que os governos deveriam fazer em relação

às grandes políticas, mas a integralidade do assunto da administração e gerência parece desarranjada e negligenciada... uma citação de Thomas Edison, há um século ou mais, que ainda hoje é aplicável, diz que visão sem implementação é alucinação. Muitas vezes, ela resulta em má execução, alimentando o sentimento de que os governos não são confiáveis. A convicção foi fortemente manifestada a mim que a corrupção tornou-se a questão central da governança, e portanto exige atenção prioritária.

E, entre outras conclusões, Volcker expressou à Conferência:

(...) como um prestigioso grupo de advogados, vocês carregam o peso total de uma longa tradição, respeitada e honrada. Se falharmos em manter uma prevalência efetiva do Direito e uma forte defesa contra a corrupção, dois lados da mesma moeda, então dificilmente escaparão da cumplicidade.

II

a insegurança jurídica como campo fértil para a corrupção

A falta de segurança jurídica é frequentemente mencionada na Argentina como um freio ou dissuasivo da corrente de investimentos privados, nacionais e estrangeiros, de que o país necessita. Aqui a consideraremos como fator que incide na difusão da corrupção.

Que a insegurança jurídica atua como aliada da corrupção não é, certamente, um fenômeno novo. Um autor que estudou a corrupção como causa da decadência do império romano, enumera certos fatores que naquela longínqua época favoreciam a corrupção ao facilitar a extorsão dos particulares pelos funcionários públicos: o crescente grau de violência empregado pelo Governo contra os particulares, a ambiguidade das leis, o aumento de seu número e o caráter intrusivo das normas e dos funcionários.[24] Estes mesmos fatores, todos eles causadores de insegurança jurídica e indiretamente de corrupção, encontram-se presentes hoje em dia em nosso país.

2.1 O DESCONHECIMENTO DA NORMA

O caso *Panamá Refining Co. v. Ryan*[25] é famoso na história constitucional dos Estados Unidos porque é um dos poucos em que a Corte Suprema desse país declarou inconstitucional uma delegação de faculdades legislativas feita pelo Congresso a favor do Poder Executivo. Um dos fatores que influenciou o tribunal, para desqualificar a regulamentação aprovada pelo Presidente no exercício dessa delegação, foi a ignorância da própria Administração sobre o texto correto da normativa vigente, ignorância provocada pelo grande volume de regulamentações que tinha editado nos últimos anos, no exercício da competência que o Congresso lhe tinha delegado.[26]

---

[24] MACMULLEN, Ramsay. *Corruption and the decline of Rome.* Connecticut: Yale University Press, 1988, p. 137.

[25] 293 U.S. 388 (1935).

[26] *Cf.* JAFFE, Louis; NATHANSON, Nathaniel L. *Administrative Law.* 4ª ed. Boston: Little, Brown & Co., 1976, pp. 52/53.

II - A INSEGURANÇA JURÍDICA COMO CAMPO FÉRTIL...

O mesmo fenômeno ocorre ainda em maior grau, hoje, em nosso país. Em muitos casos judiciais, a administração alegou normas já revogadas e o juiz lavrou sua sentença aplicando-as. O fato de que um dos pressupostos de sentença arbitrária seja o de sentença fundada em lei não vigente indica que o fenômeno se repete com certa frequência.[27]

Apesar da maior parte das normas nacionais ser publicada no Diário Oficial e se conta com sistemas eletrônicos de dados[28], nenhum destes meios assegura uma cobertura completa. Além disso, não existe uma edição da totalidade das normas, ordenada por temas e atualizada periodicamente. Isso faz com que a determinação da norma vigente seja frequentemente uma

---

[27] Ver diversos pressupostos de sentenças desqualificadas como arbitrárias por basearem-se em norma não vigente em SAGÜÉS, Néstor P. *Derecho Procesal Constitucional:* recurso extraordinario. 2ª ed. tomo 2. Buenos Aires: Marcial Pons, 1989, pp. 252-255.

[28] A Área de Informação Legislativa e Documental do Centro de Documentação e Informação do Ministério de Economia administra uma base de dados de acesso público e gratuito chamada *Infoleg.* De acordo com o estabelecido pelo Decreto n. 67/03, tal área deve coordenar a compilação e atualização da legislação nacional em matéria econômica, suas normas interpretativas e antecedentes, não existindo por isso uma obrigação de compilar a totalidade da normativa nacional. Destacamos também o trabalho que a *Oficina de Información Parlamentaria del Congreso* desenvolve. Existe também o *Sistema Argentino de Informática Jurídica* (SAIJ), serviço pago dependente do *Ministerio de Justicia y Derechos Humanos de la Nación.*

questão complexa.[29] O fenômeno é ainda mais grave nos âmbitos provinciais[NT] e municipais.

A isso se soma a prática de revogações indiscriminadas com que costumam encerrar as novas normativas ("revoga-se toda norma que se oponha à presente"), assim como a falta de revogação expressa das normas de hierarquia infralegal, quando se revoga a lei que tais normas regulamentavam. O mesmo ocorre com as leis que se revogam sem que outras leis, que se remetem às revogadas, sejam modificadas.[30] Chegou-se a dizer que 85% das leis que atualmente vigoram no país não são aplicáveis.[31] Alberto Vannucci fala da *força de inércia* das leis que, ao permanecerem em vigor indefinidamente, "aumenta com ritmos inflacionários a quantidade de disposições vinculatórias a que os indivíduos devem se sujeitar".[32]

---

[29] Celebramos, por isso, a preparação do *Digesto Jurídico Argentino*, resumo sistematizado de leis vigentes que a Faculdade de Direito da Universidade Nacional de Buenos Aires levou a cabo em implementação da Lei n. 24.967, assim como o Manual de Técnica Legislativa preparado juntamente com este projeto.

[NT] Nota do tradutor: Na Argentina os Estados são denominados "províncias".

[30] A Suprema Corte teve ocasião de decidir a modificação implícita destas últimas: CSJN, *Visa Argentina S.A.*, 2004, *Sentenças*, 327:2703.

[31] Lemos em *La Nación* de 12.06.05 que das 26.000 leis sancionadas somente 4.000 podem ser aplicadas.

[32] VANNUCCI, Alberto. "La corrupción en los sistemas políticos democráticos. Algunas notas para un análisis comparado". *In:*

II - A INSEGURANÇA JURÍDICA COMO CAMPO FÉRTIL...

Daí que, ao longo do tempo, o Direito adquira um caráter *sedimentar* provocado pela contínua superposição de normas cuja vigência, cada vez mais difícil de analisar, fica envolta em uma *nuvem de indeterminação,* nas palavras de Vannucci. Foi dessa maneira que o controle de câmbio argentino foi reinstaurado em dezembro de 2001, mediante a revogação do Decreto de 1991 que, por sua vez, havia revogado o Decreto que havia estabelecido esse regime em 1964[33], o que reviveu assim este último e provocou a consequente dúvida sobre a reativação de todas as normas regulamentares do regime reintegrado.[34]

Ao desconhecimento da existência da norma soma-se a confusão que suas repetidas modificações criam. Durante o ano de 2002, o Banco Central da República Argentina editou mais de 1000 circulares[35], ou seja, em média quatro por dia útil. O paralelismo com a história antiga se repete: "Numerosos são os decretos que cada dia são editados e publicados", dizia uma queixa que se mantém desde a época da

---

CARBONELL, Miguel; VÁZQUEZ, Rodolfo (coord.). *Poder, Derecho y Corrupción.* México: Siglo XXI, 2003, p. 95.

[33] O Decreto n. 1.606/01 revogou o Decreto n. 530/91 e restabeleceu a vigência do artigo 1º do Decreto n. 2.581/64.

[34] A *Procuradoria do Tesouro* teve que emitir um parecer sobre a não reintegração tácita de normas (Parecer n. 235 de 31.07.02).

[35] 435 Comunicados "A" e 582 Comunicados "B".

decadência de Roma.[36] E também com nossa época colonial: estima-se que durante os três séculos que esta durou, a coroa espanhola, fazendo ouvidos surdos à advertência de Dom Quixote sobre o excesso de pragmáticas – editou quase um milhão de leis e regulamentações.[37]

Ainda tirando os casos nos quais os principais destinatários da legislação – no exemplo antes citado, os bancos – são entidades que contam com um contínuo assessoramento jurídico e, portanto, estão preparadas para assimilar as novas normas[38], em geral, a posição dos administrados ante tal avalanche normativa frequentemente é de total incerteza. O fenômeno é geral na administração pública. Como adverte, com maestria, Álvaro Vargas Llosa:

> Uma consequência lógica de semelhante abundância é que cada disposição legal tenha, ou um pouco menos, outra que a complemente, atenue ou negue. O que, em outras palavras, significa que quem está imerso em

---

[36] MACMULLEN, Ramsay. *Corruption and the decline of Rome*. Connecticut: Yale University Press, 1988, p. 143.

[37] VARGAS LLOSA, Álvaro. *Rumbo a la Libertad*. Buenos Aires: Planeta, 2004, p. 51.

[38] A Suprema Corte supõe um maior conhecimento das normas no caso de empresas especializadas: CSJN, *Cadipsa S.A. v. Estado Nacional y otros*, 2000, *Fallos*, 323:1146.

II - A INSEGURANÇA JURÍDICA COMO CAMPO FÉRTIL...

> semelhante turbilhão de contradições jurídicas vive transgredindo a lei, ou – algo ainda mais desmoralizante – que, em uma estrutura desta natureza, qualquer abuso ou transgressão pode encontrar um atalho legal que o redima e justifique.[39]

Este exagero normativo se agrava em nosso país pela falta de unidade no comportamento dos diferentes órgãos da administração. Em princípios de 2005, o Banco Central iniciou processos contra exportadores que seguiram condutas consideradas válidas em seu momento pelo Ministério de Economia, mas nunca aceitas por aquele. Em outro caso, chegou-se ao absurdo de ver o Banco Central processando empresas por terem violado prazos fixados pela autoridade de aplicação (...) de uma norma reputada inválida pelo próprio Banco Central.[40] Vêm ao caso as palavras de Gordillo:

---

[39] Em seu prefácio do livro de DE SOTO, Hernando. *El Otro Sendero*. Buenos Aires: Sudamericana, 1987.

[40] Os prazos de ingresso dos recursos das exportações, cuja violação o Banco Central investiga, foram fixados pela autoridade de aplicação designada pelo Decreto n. 1.638/01 a fim de implementar o mesmo. (Ver por exemplo, Resolução S.C. 269/01). No entanto, o Banco Central em repetidos expedientes sustenta, com apoio em um parecer do Procurador do Tesouro, a nulidade do Decreto n. 1.638/01 por pretender modificar uma norma de hierarquia superior. (O Decreto n. 2.581/64 reentronizado pelo Decreto de necessidade e urgência n. 1606/01).

> O regulamento é a fonte de mais ilegalidade e arbitrariedade no campo da administração. Em nenhuma outra parte do Direito Administrativo se consagra tanto a arbitrariedade, a autocontradição, a improvisação e imprevisão permanente, as idas e voltas constantes, o desvio de poder.[41]

O resultado é que, exceto as grandes empresas (e às vezes sem essa exceção), os particulares levam a cabo suas atividades desconhecendo grande parte das normas que devem acatar. Ficam sabendo de sua existência quando são punidos por sua violação, momento em que avaliam se lhes convém corrigir sua conduta para o futuro, ou se tal correção implica um custo tal que lhes impediria continuar com suas atividades e, portanto, persistem na violação, tentando ganhar o favoritismo do funcionário que os controla.

Esta situação de descumpridor perpétuo, esta sensação de que o mero conhecimento das normas que deve cumprir – não falemos do cumprimento em si – é inatingível para o homem comum, faz com que grande parte da população aceite *ab initio* que não terá defesas jurídicas frente à autoridade. Por isso o encaminhamento do dilema ao atribuir-lhe a violação de uma norma não pode ser outra coisa senão algo

---

[41] *Tratado de Derecho Administrativo*. 8ª ed. tomo 1: parte general. Buenos Aires: FDA, 2003, cap. VII, § 10, pp. VII-20.

II - A INSEGURANÇA JURÍDICA COMO CAMPO FÉRTIL...

irregular. Hernando de Soto estimou que o montante que os empresários informais peruanos deviam pagar ilegalmente para evitarem ser punidos atingiria em alguns casos 15% de sua receita bruta.[42]

Uma solução parcial para a situação que descrevemos é possível: toda repartição deve fazer um registro organizado por temas e atualizado das normas que aplica que estão vigentes, o qual deve estar à disposição dos particulares.[43] O meio eletrônico torna isto possível atualmente a muito baixo custo. Da mesma forma, deve simplificar-se a normativa e reduzir-se o número de suas modificações. É preferível que os particulares conheçam a regulamentação vigente, por mais imperfeita que ela seja, a sacrificar esse conhecimento (e, portanto a possibilidade de seu cumprimento) para que haja uma contínua melhoria da normativa. Fixar um prazo entre a publicação da norma e sua entrada em vigor é também recomendável: os particulares não devem se ver obrigados a modificar repetida e subitamente sua conduta, senão que cabe estabelecer – salvo se razões excepcionais de interesse público o impedirem – um prazo de transição razoável. Assim ocorre na União Europeia.[44]

---

[42] DE SOTO, Hernando. *El Otro Sendero*. Buenos Aires: Sudamericana, 1987, p. 198.

[43] A partir de 2003 o Banco Central publica sínteses mensais da normativa cambial vigente.

[44] Ver seção 2.8, *infra*.

HÉCTOR A. MAIRAL

Mas, na realidade, quando a legislação é complexa, a mera disponibilidade das normas não é suficiente. Inúmeros estudos coincidem em assinalar a proliferação normativa como um fator de corrupção.[45] Por isso, como diz Vito Tanzi, *"a luta contra a corrupção deve começar com a simplificação do marco regulatório, tanto a nível nacional como local, para eliminar os regulamentos redundantes ou desnecessários"*.[46]

2.2 A FALTA DE CLAREZA OU A AMBIGUIDADE DAS NORMAS

Outra importante causa da insegurança jurídica é a falta de clareza ou a ambiguidade das normas, ou ainda a contradição entre elas. *"(...) Quanto menos transparentes e claras forem as leis e regulamentos de um país, maior será a discricionariedade dos funcionários públicos ao interpretá-las e aplicá-las"*.[47] Estes mesmos fatores

---

[45] ROSE-ACKERMAN, Susan. *Corruption and Government:* causes, consequences and reform. Cambridge : Cambridge Univ. Press, 1999/2005, p. 153.

[46] TANZI, Vito. "Corruption and the budget: problems and solutions". *In:* JAIN, Arvin K. *Economics of Corruption.* Massachusetts: Kluwer, 1998, p. 124.

[47] TANZI, *Vito.* "Corruption and the budget: problems and solutions". *In:* JAIN, Arvin K. *Economics of Corruption.* Massachusetts: Kluwer, 1998, p. 111. No mesmo sentido, ROSE-ACKERMAN, Susan. *Corruption and Government:* causes,

II - A INSEGURANÇA JURÍDICA COMO CAMPO FÉRTIL...

de complexidade e de falta de clareza das normas foram indicados recentemente como causa de corrupção na União Europeia"[48] No Brasil a importância da certeza se destacou como um dos valores que incidem sobre a moralidade administrativa".[49]

Quando a norma é pouco clara, o funcionário pode interpretá-la de maneira extensiva ou restritiva de modo tal que o particular não sabe com certeza qual conduta é esperada dele. É comum ocorrer que, ante duas possíveis leituras da norma, os particulares prefiram, obviamente, a menos restritiva, ficando daí em diante à mercê da autoridade de aplicação dessa norma, a qual poderá declarar correta somente a interpretação mais restritiva e punir assim qualquer um deles, momento a partir do qual a cidadania saberá a que se ater. É frequente que situações deste tipo desenvolvam-se durante anos à vista e ciência da

---

consequences and reform. Cambridge: Cambridge Univ. Press, 1999/2005, p. 154. Lon Fuller identifica, entre outros, os seguintes fatores necessários para que um sistema jurídico funcione corretamente: que o conhecimento da norma esteja disponível, que ela seja compreensível, não contraditória e não sujeita a mudanças frequentes (FULLER, Lon L. *The Morality of the Law.* New Haven, Connecticut: Yale University Press, 1969, pp. 38-91).

[48] RODRÍGUEZ-ARANA MUÑOZ, Jaime. *Ética, Poder y Estado.* Buenos Aires: Ediciones Rap, 2004, p. 174.

[49] FRANCO SOBRINHO, Manoel de Oliveira. *O Princípio Constitucional da Moralidade Administrativa.* 2ª ed. Curitiba: Genesis, 1993, pp. 114/115.

autoridade, sem que tal tolerância sirva de defesa jurídica quando se passa a interpretar a norma em um sentido contrário ao que até esse momento os particulares aplicaram com conhecimento dos funcionários públicos competentes na matéria.

A falta de clareza ou ambiguidade das normas é um fenômeno de frequente ocorrência, especialmente no que diz respeito a regulamentos. Várias causas levam a esta situação, somente algumas delas involuntárias. Entre estas últimas assinalamos o descuido na redação, descuido que costuma dever-se à urgência em colocar em vigência normas em uma economia que vive de emergência em emergência.[50] Só o descuido pode explicar casos já não de falta de

---

[50] Já se fala da *emergência econômica permanente* (ver o livro assim chamado de CRIVELLI, Julio C. Buenos Aires: Ábaco, 2001), de *emergência perpétua* ou *sistemática*. (BOTANA, Natalio. *Poder y Hegemonía: el régimen político después de la crisis*. Buenos Aires: Emecé, 2006, pp. 105/106). Isso não é um exagero: a emergência declarada pela Lei n. 26.561 no início de 2002 foi sucessivamente prorrogada por diversas leis e, até o momento que escrevemos, deve vigorar até o fim de 2013, com o qual teria havido uma emergência de doze anos seguidos. A última destas leis justifica a extensão da emergência não na existência de uma situação de emergência existente senão na necessidade de prevenir os possíveis efeitos de uma emergência externa. Para um exemplo dos problemas da entrada em vigência de normas ditadas em situações de caos jurídico, ver o caso *Valente c. BankBoston N.A.* de 19-X-04. (*El Derecho*, 2005-75, com nota de NIELSEN, Federico. "Una discutible doctrina sobre la vigencia de las leyes").

II - A INSEGURANÇA JURÍDICA COMO CAMPO FÉRTIL...

clareza senão de verdadeira contradição entre as regras de uma mesma lei: assim, a lei que regulamentava as Administradoras de Fundos de Aposentadorias e Pensões estabelecia em diferentes artigos distintos tribunais para recorrer das mesmas medidas.[51] Outra causa reside na dificuldade de redigir com precisão, já que, se não é fácil expressar juridicamente o que se quer, é ainda mais difícil expressar *somente* o que se quer. Com isso, as normas passam a ter um campo de aplicação exageradamente amplo. O problema se agrava porque o grau de ingerência no texto legal daqueles que participam da redação da norma depende mais da proximidade política do participante com seu promotor que do conhecimento da técnica legislativa ou da matéria em si. É lamentável a carência de uma secretaria de técnica legislativa nas legislaturas que funcionam no país ou, quando existem, a pouca atenção que lhes é dispensada. Esta baixa qualidade das normas legislativas foi indicada como uma das causas da *anomia* nacional.[52] Contribui para esta situação a indisciplina que impera em nosso Direito Administrativo que, por um lado, leva o legislador a utilizar incorretamente conceitos de significado unívoco[53] e, por outro, prega ignorar os

---

[51] Ver a Lei n. 24.241, arts. 118 e 152.

[52] NINO, Carlos S. *Un País al Margen de la Ley*. Buenos Aires: Emecé, 1992, p. 231.

[53] Ver o comentário de dois autores e magistrados sobre a discordância entre a terminologia legal e a utilizada pela doutrina:

mandamentos do legislador quando eles contrariam as preferências do intérprete. Assim, a Lei de Sociedades do Estado dispôs que estas entidades se regeriam pelas normas que regulam as sociedades anônimas e que não lhes seriam aplicáveis as leis de contabilidade, de obras públicas e de procedimentos administrativos.[54] Apesar da clareza destas normas, um de seus primeiros intérpretes, considerando que tais normas incorriam em um grave *erro legislativo*, afirmou que igualmente deviam ser aplicados os regimes excluídos.[55]

Mas muitas vezes a ambiguidade é deliberada, tanto no âmbito legislativo como administrativo. No âmbito legislativo porque ela favorece os acordos políticos: cada partido pode dar ao texto em discussão a leitura que preferir. *Ambiguity breeds consent* poderia dizer-se alterando o conhecido ditado inglês. E no âmbito administrativo já que, ao permitir duas leituras, a norma aumenta a discricionariedade do funcionário que a aplica. Além disso, o autor da norma fica protegido de críticas porque poderá invocar sempre a leitura mais favorável ao Estado, ainda que tenha

---

GRECCO, Carlos M.; MUÑOZ, Guillermo A. *La Precariedad en los Permisos, Autorizaciones, Licencias y Concesiones*. Buenos Aires: Depalma, 1992, p. 83.

[54] Lei n. 20.705, arts. 2º y 6º.

[55] BARRA, Rodolfo C. "Acerca de la Naturaleza Jurídica de las Sociedades del Estado". *El Derecho*, Buenos Aires 67-601.

II - A INSEGURANÇA JURÍDICA COMO CAMPO FÉRTIL...

tolerado que os particulares se ativessem à outra leitura durante muito tempo. Observe-se que a aceitação política da norma é mais fácil na medida em que se pense, *ab initio*, que ela permite uma interpretação benigna. Somente em uma segunda etapa, assentada já a vigência da norma com escassa repercussão negativa, passa-se à leitura extensiva, à qual se pode outorgar efeito retroativo por se tratar da mera interpretação de uma norma cujo texto não variou.[56] Por outro lado, costuma ocorrer que o primeiro intérprete da norma e juiz de sua violação é o mesmo órgão que a ditou, o que provoca que fique em suas mãos sustentar a procedência de leituras, mais ou menos forçadas, que o absolvem da acusação de imprevisão em sua redação.[57] Daí a relutância do autor da norma em esclarecê-la oficialmente: se frente a uma mudança de circunstâncias econômicas ou políticas a interpretação tolerada começa a ser criticada, ela poderá ser desconhecida como válida sem responsabilidade para seu autor ou intérprete oficial. Por isso os pedidos de esclarecimento que os particulares apresentam são comumente respondidos

---

[56] O efeito retroativo das interpretações normativas é aceito uniformemente pela jurisprudência. (Entre outros, CSJN, *S.A. Compañía Argentina Agrícola e Industria Ingenio Río Grande v. Nación Argentina*, 1973, *Fallos*, 285:447.

[57] Assim ocorre, por exemplo, com o Banco Central em matéria cambial. (Lei n. 19.359, t. o. por Decreto n. 480/95, art. 5º.

com igual grau de ambiguidade ("deverá sujeitar-se à normativa vigente") que vicia a regra cujo esclarecimento se solicita.

O primeiro remédio para esta situação é a aplicação no Direito Público do princípio *contra stipulatiorem* segundo o qual, em caso de dúvida, os escritos se interpretam contra seu autor, neste caso, contra o Estado e a favor do particular.[58] O fundamento desta regra de interpretação é tão válido no Direito Público como no Privado: a punição recai sobre o responsável pela redação porque, em primeiro lugar, deve assumir o risco da falta de clareza que ele próprio criou e, mais importante ainda, porque dessa maneira cuidará da clareza ao redigir algo no futuro. Esta solução está de acordo com a tradicional regra que ordena a interpretação restritiva das normas que limitam as liberdades e direitos individuais: *In dubio pro libertate*.[59]

---

[58] Sobre este princípio, ver ALTERINI, Atilio A. *Contratos civiles, comerciales y de consumo:* teoría general. Buenos Aires: Abeledo-Perrot, 1998, pp. 419/420; e REZZÓNICO, Juan Carlos. *Contratos con cláusulas predispuestas.* Buenos Aires: Astrea, 1987, pp. 593-605.

[59] Assim, GORDILLO, Agustín. *Tratado de Derecho Administrativo.* 4ª ed. tomo 3: el acto administrativo. Buenos Aires: FDA, 1999, cap. V, § 7, pp. V-32. Em matéria tributária, a partir de um trabalho publicado na Itália em 1932 considera-se superada a posição que partindo de um suposto caráter "odioso" da lei fiscal, preconizava uma interpretação restritiva, sem chegar, no entanto, a admitir a analogia como método interpretativo aplicável em

II - A INSEGURANÇA JURÍDICA COMO CAMPO FÉRTIL...

Em nosso país, ao contrário, as consequências da redação descuidada por parte dos funcionários não recaem sobre eles nem sobre o Estado, senão sobre os particulares.

O segundo remédio é limitar para o futuro os efeitos da interpretação oficial da norma, quando ela contraria a prática aberta e geralmente seguida até esse momento. Se a Suprema Corte rejeita a aplicação retroativa de novos critérios jurisprudenciais[60], cabe aplicar a mesma regra em sede administrativa, seja frente a decisões expressas[61], seja frente à decisão tácita que é resultante da tolerância de uma conduta privada levada a cabo de forma geral e ostensiva. Daí que seja cabível sustentar a não punição de condutas privadas realizadas amparadas em uma aparência de legitimidade criada pela própria administração.[62]

---

matéria tributária substantiva e penal. Ampliar em GARCÍA BELSUNCE, Horacio A. *La interpretación de la ley tributaria.* Buenos Aires: Abeledo-Perrot, 1959, pp. 14-20 e 64;.CASÁS, José Osvaldo. *Derechos y garantías constitucionales del contribuyente*; Buenos Aires: Ad-Hoc, 2002, pp. 681-734.

[60] Assim em CSJN, *María Esther Tellez v. Bagala S.A.*, 1986, *Fallos,* 308:552; e CSJN, *Sacoar y C. v Provincia de Buenos Aires*, 1988, *Fallos,* 311:2082..

[61] Um caso de multa alfandegária baseada em uma mudança de critério, e depois deixada sem efeito pela Justiça, pode ser vista em CSJN, *IBM Argentina S.A v. Administración Nacional de Aduanas*, 1998, *Fallos,* 321:1248.

[62] Assim afirmamos em nossa obra *La doctrina de los actos propios y la Administración Pública.* Buenos Aires: Depalma, 1988, pp. 147-150.

A solução proposta é justa porque rara vez condutas geralmente adotadas por um setor regulado são desconhecidas para sua autoridade regulatória.[63] Desta maneira haveria um freio a uma corruptela que consiste em punir severamente condutas que se tornam ilegítimas somente no momento em que o critério interpretativo que o Estado aceita seja anunciado ou modificado. Isso se combina, às vezes, com o oferecimento de formas de pagamento para que os "infratores" prefiram uma punição ao risco de um processo de longa duração que pode terminar em uma multa que coloca em risco sua sobrevivência jurídica. Desta maneira o Estado evita, além disso, o risco de que sua interpretação seja, finalmente, rejeitada pela Justiça. A interpretação não retroativa incentivaria o afã dos funcionários para detectar práticas realmente violadoras mantendo-se assim regras de jogo uniformes para todos aqueles que participam na atividade: observe-se que frequentemente somente uma parte dos operadores começa a interpretar favoravelmente a norma, colocando assim os demais frente à opção de perder posições no mercado ou

---

[63] A imprensa informa que uma determinada operação reputada ilícita por um comunicado do Banco Central atingia 25% das operações com ativos financeiros locais. ("El BCRA anunció que vigila la compraventa de bonos y acciones". *La Nación*, Argentina, 22.03.06. Disponível em http://www.lanacion.com.ar/790850-el-bcra-anuncio-que-vigila-la-compraventa-de-bonos-y-acciones).

II - A INSEGURANÇA JURÍDICA COMO CAMPO FÉRTIL...

aderir-se à prática, ainda com o risco de sua eventual posterior punição.

Como contraste, a prática que consiste em tolerar intencionalmente durante muito tempo condutas de licitude opinável, e depois escolher a quem punir como lição (o caso das *vedetes* penais que se menciona mais abaixo) para que somente então os demais corrijam sua conduta no futuro, é fonte de corrupção, para evitar ser o "bode-expiatório". E ainda que a punição seja geral a partir de uma mera troca de critério, o efeito cívico não deixa de ser nocivo já que, contrariando os próprios princípios de uma República, cria-se uma sociedade submissa e temerosa frente à autoridade de cujo inconstante critério dependem os patrimônios particulares. Devemos ser categóricos neste ponto: a prática de considerar retroativamente ilícitas certas condutas privadas só quando atinge um volume que preocupa a autoridade é incompatível com um Estado de Direito.

2.3 AS NORMAS DE VALIDADE DUVIDOSA

Uma norma de validade duvidosa cria um problema de insegurança em certa medida análogo ao de uma norma pouco clara: também aqui existe a dúvida sobre se é lícita uma determinada conduta privada, a que depende neste caso da validade ou nulidade da norma que a restringe.

Este fenômeno, tão antigo como o próprio Direito, adquiriu em nosso país uma expansão desmedida como consequência da reforma constitucional de 1994 sob a qual o Poder Executivo se converteu em legislador quase a par do Congresso[64] e, como tal, em emissor de normas gerais com forma de decretos de necessidade e urgência cuja validade, no entanto, é muito discutível e depende, em grande parte, do enfoque político da questão.[65] Como já dissemos, o tema é mais adequado a uma análise jurídica mais profunda e excede o alcance deste trabalho.[66] De todas maneiras, é suficiente dizer aqui que a Suprema Corte, no caso *Verrocchi* de 1999[67], estabeleceu severas

---

[64] Entre 1989 e princípios de 2011 havia sido ditados mais de mil decretos de necessidade e urgência (relatório de *Nueva Mayoría*, maio de 2011).

[65] Comparar, por exemplo, CSJN, *Provincia de San Luis v. Nación Argentina,* 2003, *Fallos*, 326:417 y CSJN, *Alberto Roque Bustos y otros c/ Nación Argentina y otros*, 2004, *Fallos*, 327:4495.

[66] Referimo-nos a ele em nosso trabalho "La degradación del derecho público argentino". *In:* SCHEIBLER, Guillermo (coord.). *El Derecho Administrativo de la Emergencia.* Buenos Aires: FDA, IV, 2005, p. 17.

[67] CSJN, *Ezio Daniel Verrocchi v. Administración Nacional de Aduanas*, 1999, *Fallos* 322:1726. A respeito disso, ver MIDÓN, Mario A.R. *Decretos de Necesidad y Urgencia en la Constitución Nacional y en los Ordenamientos Provinciales.* Buenos Aires: La Ley, 2001. Mais recentemente a Suprema Corte reiterou a doutrina de *Verrochi* em *Consumidores Argentinos c/ Estado Nacional, Fallos* 333:633 (2010), mas atenuou-a posteriormente em *Aceval*

II - A INSEGURANÇA JURÍDICA COMO CAMPO FÉRTIL...

restrições à competência do Poder Executivo de editar decretos de necessidade e urgência (ou seja com força de lei), pautas que, no caso de serem aplicadas estritamente, provavelmente tornariam inconstitucionais grande parte das centenas de decretos de necessidade e urgência ditados desde essa data se não tiverem sido ratificados expressamente por uma lei. Similares dúvidas se apresentam sobre os alcances da delegação de faculdades legislativas que o art. 76 do novo texto constitucional começa proscrevendo para depois permitir "em matérias determinadas de administração ou de emergência pública".[68] A mesma multiplicação de níveis normativos que a reforma constitucional de 1994 introduziu ao prever tratados, leis e decretos de diversa hierarquia (por exemplo, uma lei para cuja aprovação se requer maioria simples frente a outra que requer maioria qualificada) é fonte de numerosos conflitos interpretativos.

A questão se agrava ante a jurisprudência da Suprema Corte que parece aplicar diferentes critérios

---

Pollacchi c/ Compañía de Radiocomunicaciones Móviles S.A., *Fallos* 334:799 (2011).

[68] Sobre os alcances desta potestade, ver BIANCHI, Alberto. "Los Reglamentos Delegados luego de la Reforma Constitucional de 1994". *In: Derecho Administrativo:* obra colectiva en homenaje al Profesor Miguel S. Marienhoff. Buenos Aires: Abeledo-Perrot, 1998; SANTIAGO, Alfonso; THURY CORNEJO, Valentín. *Tratado Sobre la Delegación Legislativa.* Buenos Aires: Ábaco, 1998.

para julgar a validade das normas administrativas: um muito estrito contra tal validade quando é o Estado quem a impugna, e outro mais laxo e favorável à validade quando o particular a impugna.[69]

As consequências das discussões sobre a validade das medidas que o Governo edita podem ser muito sérias para os particulares: aqueles que confiaram na validade de um decreto do Poder Executivo que admitia a apresentação espontânea como impeditiva do delito tributário sempre que ocorresse antes da sentença e, após ter sido iniciada uma verificação, adequaram-se à pretensão fiscal pagando o imposto que deviam, foram processados pelos tribunais que consideraram que sua apresentação foi tardia e, portanto, ineficaz. Isso porque tais tribunais consideravam inconstitucional o decreto de outrora por tentar modificar a lei que exigia que, para ter efeitos de regularização, a apresentação deveria ser formulada antes do início de uma investigação fiscal.[70] Isto é, o Estado incitou os particulares a deporem suas defesas e pagarem o imposto reclamado com a promessa de que não seriam punidos, apesar de que, depois de

---

[69] Ver MAIRAL, Héctor A. "¿Uno o dos derechos administrativos?". *La Ley*, Suplemento Administrativo, Agosto 2010, p. 1.

[70] Assim, as sentenças da Sala B *da Cámara Nacional de Apelaciones en lo Penal Económico* da Capital Federal que declararam inconstitucional o Decreto n. 1.387/01. (Entre outros, decisão de 21-III-02 recaído na Causa N. 3.580/00 s/inf. Lei n. 24.769.

II - A INSEGURANÇA JURÍDICA COMO CAMPO FÉRTIL...

regularizarem a situação frente ao Fisco e pagarem o imposto (com o qual perderam suas defesas jurídicas) esses particulares foram igualmente perseguidos penalmente porque o próprio Estado teria cometido o erro jurídico de ditar uma norma permissiva inválida. Em outro caso recente, a autoridade encarregada da arrecadação aplicou, e o Tribunal Fiscal confirmou, uma multa por não pagamento de um imposto que um Parecer da Procuradoria do Tesouro considerou revogado.[71]

Dois são os remédios que podemos considerar para corrigir esta situação, um que já existe em nosso Direito e outro que se sugere tomar do direito norte-americano. O primeiro consiste em aplicar estritamente no Direito Penal Econômico as mesmas regras gerais que regem no Direito Penal a favor do acusado: cabe rejeitar, pois, as tentativas de inverter o ônus da prova e utilizar presunções na perseguição dos delitos tributários.[72] Também se deve admitir amplamente a

---

[71] Comparar a sentença do TFN, Sala B, na causa *Magariños*, de 20-XII-04, com o parecer n. 020 da PTN de 21-I-05.

[72] Ver DÍAZ, Vicente O. "La protección constitucional del contribuyente en los procesos penales tributarios". *La Ley*, 2004-C, 1288; RODRÍGUEZ ESTÉVEZ, Juan M. *El derecho penal en la actividad económica*. Buenos Aires: Ábaco, 1998, p. 103; y BATTAGLIA, Alfredo. "Carácter penal de la sanción administrativa". *El Derecho*, 171-840. No sentido proposto, a Justiça desqualificou a aplicação de punições previstas nas normas

isenção do erro de direito não penal[73], com mais razão nestes casos já que é o Estado – o próprio prejudicado pela conduta que procura punir – quem induz o acusado a cometer o erro. Se o direito penal econômico desejar atingir seus objetivos recorrendo a punições de análoga gravidade ao direito penal, deverá aceitar os limites que para este último os países civilizados desenvolveram nos últimos três séculos.

O remédio restante, que se descreve na próxima seção, consiste em não aplicar punições por violação de uma norma a quem toma a iniciativa de impugná-la, com argumentos sérios, até que a norma seja validada pelo tribunal. Isso porque quem meramente se defende quando é acusado de violar uma norma alegando a falta de validade desta ficará à mercê da decisão judicial a respeito disso, mas quem

---

penal-tributárias quando se baseiam em meras presunções de que não seriam suficientes para condenar por delitos do Código Penal: CSJN, *Generoso Mazza y otro*, 1989, *Fallos*, 312:447. No mesmo sentido, cabe celebrar uma mais ampla aplicação do princípio da lei penal mais benigna em matéria cambial, que toma como sua a dissidência do Dr. Petracchi no caso *Diego Luis Ayerza* CSJN, *Diego Luis Ayerza*, 1998, *Fallos*, 321:824), de acordo com o resolvido recentemente pela Suprema Corte. CSJN, *Cristalux S.A.*, 2006, *Fallos* 329:1053.

[73] Neste sentido, AFTALIÓN, Enrique R. *Tratado de Derecho Penal Especial*. tomo I. Buenos Aires: La Ley, 1969, pp. 141-144; CARRERA, Daniel Pablo; VÁZQUEZ, Humberto (coord.). *Derecho Penal Especial*. Buenos Aires: Astrea, 2004, pp. 20-22.

II - A INSEGURANÇA JURÍDICA COMO CAMPO FÉRTIL...

se adianta a questionar a norma se coloca de manifesto ante a autoridade: se seus argumentos forem plausíveis, ainda que no final o tribunal os descarte, terá prestado um serviço cívico à comunidade em prol da certeza jurídica. Lamentavelmente a reação da administração costuma ser contrária à que caberia esperar em um Estado de Direito: pune severamente quem desafia a norma (porque vê nisso um ataque à sua autoridade), mas olha para outro lado quando está frente a quem não a cumpre caladamente (Porque o fato de ocultar implica reconhecer essa autoridade e não compromete o funcionário). A situação faz lembrar as guerras religiosas da Europa do século XVII: queimam-se os hereges (ou seja, aqueles que criticam a norma), mas se perdoa os pecadores (ou seja, aqueles que não a cumprem).

O efeito conjunto dos remédios propostos colocaria sobre o Estado, e não sobre o particular, as consequências da imprecisão com que se legisla. Além de ser justo, isso induziria o Congresso e os órgãos administrativos a ditarem normas claras e a se absterem de aplicar novos critérios retroativamente.

2.4 A RESTRIÇÃO NO ACESSO À JUSTIÇA

A possibilidade de obter proteção judicial frente ao abuso de autoridade é um dos grandes freios para a corrupção. Onde o remédio judicial é expeditivo e eficaz, a corrupção retrocede. Quando o acesso à justiça, ou a solução que esta oferece, veem-se limitados por razões de custo, por travas de procedimento ou por impedimentos legais, a corrupção avança. Este é o caso das normas que dilatam a revisão judicial até depois do cumprimento da punição[74], seja esta de multa, seja de encerramento de suas atividades, e que lembram o regime louco que assombrou a personagem de Alice no País das Maravilhas: primeiro vem a punição, depois o processo e, por último, o delito.

Outra forma de limitar o acesso à justiça constitui a imposição de gravíssimas punições ao não cumprimento da norma que são aplicadas inclusive a quem impugna de boa-fé e com argumentos razoáveis sua validade ou sua interpretação, dado que ninguém arriscará questionar a norma se o custo do erro é altíssimo. Nem sequer as sentenças das instâncias prévias favoráveis à posição do particular o liberariam da punição se a Suprema Corte decidisse finalmente contra ele. No entanto, a garantia constitucional da defesa em processos deveria proteger não somente quem impugna a norma com razão, senão também quem, ainda sem a ter, pôde razoavelmente ter se considerado com fundamentos para discutir a questão. Nos Estados Unidos existem precedentes na

---

[74] Assim, a Lei de Abastecimento n. 20.680 art. 16; e a lei que regulava as AFJP. (Lei n. 24.241, art. 118, subseção *rr*, parágrafo 5º).

II - A INSEGURANÇA JURÍDICA COMO CAMPO FÉRTIL...

jurisprudência que livraram de punição aqueles que questionaram judicialmente uma norma com fundamentos sólidos, ainda que no final o tribunal não os tenha aceitado, dado que a imposição de altas multas (*in terrorem*) a quem litiga de boa-fé foi considerada violação da defesa em processo. A Suprema Corte norte-americana disse que o direito ao controle judicial da conduta do Estado "*seria meramente nominal e ilusório se a parte afetada somente pudesse apelar aos tribunais com o risco de pagar multas tão elevadas que seria melhor ceder às ordens de legalidade incerta que pedir a proteção da lei*".[75] Observe-se que esta regra se aplica ainda que o impugnante perca o processo, desde que a sentença determine que teve motivos razoáveis para litigar.[76]

Em nosso país, pelo contrário, vamos na direção oposta: em uma época existia uma regra que permitia que o Tribunal Fiscal isentasse de juros (que em matéria impositiva são calculados a uma taxa punitiva) o contribuinte que tivesse tido razão suficiente para litigar, ainda que seu argumento fosse rejeitado no final. No entanto, apesar de que essa isenção estava em mãos de um órgão da mesma administração, como assim é o Tribunal Fiscal, foi considerada demasiado generosa e foi revogada.[77] Ainda mais, recentemente

---

[75] *Wadley Southern Ry. v. Georgia*, 235 U.S. 651 (1915).

[76] *Oklahoma Operating Co. v. Love*, 252 U.S. 331 (1920).

[77] Art. 150, 2º parágrafo, da Lei n. 11.683 revogado pela Lei n. 23.549 de 1988.

foi imposta a taxa usurária de 3% *mensal* para as dívidas alfandegárias *em dólares*, o que constitui um verdadeiro dissuasivo para exercer o direito de defesa em processo ante uma dívida que se duplica, em dólares, a cada três anos.[78]

A lentidão dos procedimentos conspira contra a eficiência do remédio judicial quando o particular fica exposto à punição no ínterim. Por isso, seria muito importante estabelecer mecanismos processuais rápidos mediante os quais os particulares pudessem obter pronunciamentos judiciais sobre a interpretação das normas que deveriam aplicar. Como já assinalamos, na prática, a administração reluta em esclarecer oficialmente suas próprias normas e, quando o faz, costuma preferir a interpretação mais restritiva das liberdades e direitos dos particulares. Por outro lado, a administração pareceria pretender que estas respostas não fossem questionáveis ante a Justiça: assim haviam disposto as normas fiscais com respeito às consultas apresentadas pelos particulares.[79] Pelo contrário, este

---

[78] Ver a Resolução MEyFP 841/2010 que fixa o juro de 3% mensal sem distinguir entre dívidas em pesos ou em dólares. *A Cámara Nacional de Apelaciones en lo Contencioso Administrativo* rejeitou, com uma dissidência, um recurso que questionava a taxa para dívidas em dólares por não existir ilegalidade manifestada (Sala V, sentença de 7.12.2011 in re *Cargill S.A.C. e I. c/ Estado Nacional*).

[79] O art. 4º da Resolução Geral n. 858/00 da *Administración Federal de Ingresos Públicos*, dispunha: "A opção pelo presente regime

II - A INSEGURANÇA JURÍDICA COMO CAMPO FÉRTIL...

é o campo no qual a intervenção do Poder Judiciário é mais necessária já que, geralmente, trata-se de questões de puro direito nas quais lhe corresponde a última palavra e nas quais não se justificam longos processos para restabelecer o direito violado pela medida oficial.[80]

Outra forma de restrição do acesso à justiça constitui o elevado custo da intervenção judicial.[81] Pagar três por cento do montante da reclamação – sem nenhum limite máximo estabelecido – ao iniciar a demanda (que no caso de ter sucesso permitirá obter sua devolução em um prazo não inferior a oito ou dez anos) e arriscar a imposição de custas que podem chegar a um terço de tal montante[82], não são atitudes

---

implica o compromisso de acatar o pronunciamento deste Organismo, naquelas questões submetidas à sua interpretação e a renúncia a entrar com recurso algum contra as respostas que em consequência se cursarem." Esta norma foi substituída pela Resolução Geral 1.948/05, que regulamenta o novo regime de consultas estabelecido pelo artigo acrescentado ao art. 4º da Lei n. 11.683. (t.o. 1998) O novo regime prevê um recurso ante o Ministério de Economia e Produção e não repete o texto referente à renúncia de recursos, o que permite ao particular descontente sujeitar-se ao critério que eventualmente a Justiça seguir.

[80] Ampliamos o tema no ponto 3.3.4 *infra*.

[81] Tratamos deste problema em nosso trabalho "El silencio de los tribunales argentinos", *Res Pública Argentina*, 2007-3, p. 7.

[82] O art. 505 do Código Civil limita a 25% do montante da sentença o total dos honorários pelos trabalhos de *primeira instância*.

próprias de um empresário prudente e solvente. O problema se agrava ante a insistência de certos magistrados em fixar um valor econômico inclusive para as impugnações de atos administrativos que não incluem reclamações pecuniárias. Se o que se deseja é dissuadir as demandas contra o Estado, deve reconhecer-se que este tipo de restrição tem um êxito parcial: cada vez são menos as demandas dessa índole que as empresas solventes iniciam, mas são mais as que apresentam aqueles que podem acionar gozando do benefício de litigar sem incorrer em gastos.[83]

Demorar e limitar a intervenção judicial com diversos argumentos processuais permite, finalmente, que as violações constitucionais e legais cometidas pelas autoridades se imponham à maioria dos particulares, já que é somente uma minoria deles que as impugnam correndo o risco de serem punidos se chegar a perder o processo (ou ainda pendente a *litis*), enquanto que a decisão que deixa sem efeito a norma costuma ser inoperante para a maioria que não a impugnou. Dificilmente poder-se-á imaginar uma atitude que favoreça mais a propagação de condutas estatais ilegítimas do que esta tolerância temporal de normas inválidas.

---

[83] Sobre os abusos a que conduz a outorga indiscriminada deste benefício, ver VIEL TEMPERLEY, Facundo. "El equilibrio en la concesión del beneficio de litigar sin gastos". *La Ley*, 2004-E-1151.

II - A INSEGURANÇA JURÍDICA COMO CAMPO FÉRTIL...

2.5 A VIOLÊNCIA DO ESTADO CONTRA OS CIDADÃOS

Já dissemos que na Roma do Baixo Império se observou um aumento da violência estatal contra os cidadãos. A metade dos novos crimes castigados com a pena de morte que se criou no império de Constantino foi de caráter administrativo.[84] Hoje em dia, em nosso país, o aumento da violência estatal contra os particulares, apesar de ser somente jurídica, é notório.

O Estado, nacional e provincial, é consciente das vantagens processuais que lhe outorga nosso Direito Administrativo autoritário que obriga o cumprimento imediato de suas decisões e difere no tempo – na prática frequentemente por mais de uma década – a vindicação do direito violado. Mais ainda, procura aumentá-las aperfeiçoando as normas que lhe permitem impor sua vontade antes da intervenção judicial.[85]

Os legisladores deveriam estar conscientes, quando estabelecem semelhantes regras, que elas permitem que os funcionários imponham sua vontade

---

[84] MACMULLEN, Ramsay. *Corruption and the decline of Rome.* Connecticut: Yale University Press, 1988, p. 140.

[85] As recentes modificações do Código Fiscal da província de Buenos Aires (arts. 13 e 13 bis do Código Fiscal, segundo modificação introduzida pela Lei n. 13.405 – B.O. 30-XII-05) são a melhor prova do que se diz no texto.

embora violando – com total impunidade – as leis que devem aplicar.[86] E tal é o grau de opressão estatal a que estão sujeitos hoje os particulares, que quando se observa uma decisão administrativa que trata com equanimidade o particular imediatamente se suspeita de um favor político ou de um suborno. Esta é, pois, outra das raízes da corrupção: se aplicar de forma equânime a lei constitui um favor discricionário que somente se consente a uns poucos, a tentação de negociar o acesso ao núcleo de beneficiários é enorme porque a lição à que se submete quem não negocia é terrível.

É surpreendente como o sistema legal argentino chegou a tratar da mesma forma ou ainda pior, em aspectos processuais, o acusado de uma infração impositiva e o acusado de um delito de homicídio ou apoderação de fundos públicos. Quando as punições eram muito diferentes, podia se compreender esta diferença, mas quando as punições são equiparáveis (um sonegador pode ser condenado

---

[86] Conhecemos casos nos quais um importador foi obrigado a pagar um suborno a funcionários aduaneiros, apesar de ter declarado corretamente a mercadoria, ante a ameaça de uma reclassificação ilegal, mas igualmente coberta pela presunção de legitimidade de todo ato estatal e o risco do acréscimo da dívida em dólares a taxa de 3% mensal enquanto tramitava seu recurso. Os funcionários aduaneiros puseram ênfase especial na pressão que tal taxa significava.

II - A INSEGURANÇA JURÍDICA COMO CAMPO FÉRTIL...

a dez anos de prisão e um homicida receber somente oito anos) idênticos princípios de garantias devem ser aplicados.[87] O contraste é ainda mais nítido no caso dos delitos contra a administração pública, e por isso típicos dos funcionários públicos, que são tratados com benevolência pelo Código Penal: a corrupção, o tráfico de influências, o desfalque de fundos públicos, os encargos ilegais, as negociações incompatíveis com o exercício de funções públicas e o enriquecimento ilícito de funcionários, são todos delitos para os quais a pena mínima é inferior a três anos e são, portanto, afiançáveis e suscetíveis de liberdade condicional.[88] A sonegação, pelo contrário, recebe uma pena mínima de três anos e meio quando seu montante supera os quatro milhões de pesos por ano e por imposto (hoje algo menos de um milhão de dólares), e portanto não seria afiançável[89], o que

---

[87] Comparar as punições que estabelece o art. 79 do Código Penal para o homicídio intencional com as que fixa a Lei n. 24.769 para a sonegação.

[88] Ver arts. 256, 256 bis, 259, 260, 261, 265, 266, 268, 268 (1), (2) y (3) do Código Penal. Os jornais informam sobre um projeto de elevação de penas para estes delitos, mas sem torná-los inafiançáveis.

[89] Ver Lei n. 24.769, art. 2º de acordo com a modificação por Lei n. 26 735, art. 2º. Em matéria de previdência, os montantes que tornam penalmente punível a sonegação são mais baixos: 20.000 pesos por cada período. (Lei n. 24.769, art. 9º, modificado por Lei n. 26.735 art. 8º).

significa que o acusado deveria estar detido enquanto se decide se existiu ou não a sonegação, o que frequentemente requer complicadas e discutíveis análises jurídicas e contábeis. Também não era afiançável (por ter quatro anos de pena mínima) o delito *culposo* de manejo de dinheiro de um fundo de previdência que causa prejuízo ao mesmo. (E na volátil economia argentina, que administrador de um fundo de previdência podia ter a certeza de não ser passível de uma acusação tal?).[90] Isso significa que para o Direito argentino é menos grave que um funcionário público embolse dez milhões de dólares de fundos estatais do que um particular busque evitar pagar de seu bolso um imposto de um milhão de dólares, ou que outro particular tenha sido negligente no manejo do dinheiro de um fundo de previdência. Estas diferenças não parecem compatíveis com a garantia constitucional da razoabilidade nem com nossos antecedentes pátrios. Em uma cidade de homens livres, dizia o Decreto sobre honras aos magistrados redigido por Mariano Moreno em dezembro de 1810, "o magistrado não

---

[90] Ver Lei n. 24.241, art. 140. A respeito disso, ver MARUM, Elizabeth A. *Delitos Relacionados con el Sistema Integrado de Jubilaciones y Pensiones*. Buenos Aires: Ad-Hoc, 2003. Este delito desapareceu com a estatização dos fundos de pensão privados disposta em 2008 pela Lei n. 26.425. Não existe delito similar para os funcionários públicos que emprestam dinheiro das caixas de previsão (agora estatais) ao próprio Estado a taxas menores do que as do mercado.

II - A INSEGURANÇA JURÍDICA COMO CAMPO FÉRTIL...

se distingue dos demais senão porque faz observar as leis, nas demais funções da sociedade é um cidadão sem outras considerações que as que mereça por suas virtudes". E já desde os projetos de Constituição de 1813 se definia a igualdade como a exigência de que a lei, "seja ela preceptiva, penal ou punitiva", fosse igual para todos.

Particularmente, a característica de ser inafiançável que é consequência das penas mínimas estabelecidas para certas infrações penal-administrativas tem uma consequência cívica muito séria, já que permite que o Estado leve à prisão aqueles a quem seleciona como presumíveis culpados até que um tribunal determine sua inocência. Dada a complexidade das questões que devem ser elucidadas para chegar a tal conclusão, e a falta de clareza que o sistema legal apresenta, que acabamos de assinalar, não é difícil construir acusações *prima facie* verossímeis que somente a prudência judicial impede – nem sempre – que desemboquem em uma situação que nos aproxima perigosamente da que, há oito séculos, a Carta Magna tentou refrear: nenhum funcionário submeterá a processo uma pessoa – dizia esse documento – unicamente com base nas afirmações do mesmo funcionário.[91]

---

[91] Carta Magna, ponto 38: "*In future no official shall place a man on trial upon his own unsupported statement, without producing credible witnesses to the truth of it*".

Além disso, no Direito argentino, as punições não somente podem ser aplicadas mesmo em caso de dúvida razoável, como também são draconianas.[92] Assim, o Código Aduaneiro adota uma amplíssima definição de contrabando, ao qual castiga com multa de até *vinte vezes* o valor da mercadoria em infração, ainda que o prejuízo fiscal seja menor do que o valor da mercadoria.[93] Por aplicação desta regra, uma empresa automotriz estrangeira se viu exposta a uma multa que excedia o patrimônio líquido da empresa, multa que se tivesse sido aplicada teria implicado no confisco total do investimento dos acionistas. Algo análogo acontece com as multas cambiárias que ascendem a até dez vezes o montante da operação em infração e que, obviamente, excedem em muito o lucro do exportador ou o prejuízo fiscal.[94] De fato, como uma exportação de produtos primários usualmente deixa para o exportador um lucro de

---

[92] Em nosso país, a Suprema Corte, por decisão dividida, declarou inconstitucional uma multa cujo montante equivalia ao valor da embarcação multada. (CSJN, *Ivan N. Demchenko v. Prefectura Naval Argentina – DPSJ 3/96 –*, 1998, *Fallos*, 321:3103.) Observamos que não se tratava de um caso de reparação do dano por contaminação ambiental (no qual o montante do dano sim pode exceder o valor da embarcação) senão de uma infração à Lei de Pesca cometida sem intencionalidade por um navio sem infrações anteriores.

[93] Código Aduaneiro, arts. 863, 864 e 876.

[94] Lei de Câmbios n. 19.359 (t. o. por Decreto n. 480/95), art. 2º.

II - A INSEGURANÇA JURÍDICA COMO CAMPO FÉRTIL...

aproximadamente 5% sobre o valor da exportação, a entrada um pouco tardia das divisas, que não tem prejuízo estatal mensurável[95], pode acarretar ao exportador uma punição igual a *duzentas vezes* seu interesse real na transação.

Penas deste tipo produzem a consequência indireta de desalentar a capitalização das empresas, e o conseguinte ocultamento de divisas no exterior, porque ninguém expõe patrimônios importantes a riscos tão consideráveis. Este efeito já foi estudado nos Estados Unidos como consequência de outro fator de risco de similar magnitude que são os danos punitivos.[96] O fenômeno interessa para o presente trabalho porque paulatinamente desalenta, empobrece ou leva finalmente à falência os empresários honestos e somente deixa sobreviver aqueles cuja proximidade às fontes do poder político os coloca de fato protegidos de punições tão draconianas. O afã dos funcionários de carreira em aplicar a normativa que tem em mãos à maioria dos controlados contrasta com as exceções que o favor político pode conseguir. E, em casos

---

[95] Isso porque, ao liquidar as divisas, o exportador deve aceitar o pior dos dois tipos de câmbio possíveis: O que rege na data de liquidação ou o que regia no vencimento do prazo para ingressar as divisas. Assim o dispõe a Comunicação "A" 3608 do BCRA.

[96] Ver BOYD, James W.; INGBERMAN, Daniel E. "Do punitive damages promote deterrence?". *International Review of Law and Economics*, Março, 1999.

extremos, o caráter draconiano das multas favorece a corrupção já que eleva o montante do suborno que os particulares estão dispostos a pagar.

Em um país onde se estima que quase a metade dos trabalhadores em relação de dependência trabalha em flagrante violação das normas de trabalho e de previdência, a aplicação imparcial e generalizada da lei deveria abarrotar os tribunais de causas penais contra os empregadores responsáveis por esta situação. O fato de que isso em grande medida não ocorra é testemunho de como as considerações políticas influenciam tanto a aplicação cotidiana das normas quanto a configuração das infrações, dado que estas, para limitar seu impacto eleitoral, limitam o universo dos responsáveis ao levar em consideração o montante da infração e não o grau total de afastamento da lei que o contribuinte evidencia.[97] Uma consequência direta desta política é a preferência empresarial para constituir vários microempreendimentos a aumentar um só deles.

2.6 O DESPREZO DA LEI PELO PRÓPRIO ESTADO

O Estado argentino chegou a ser o principal descumpridor das leis que ele próprio edita. Não nos

---

[97] Ver a nota 89, *supra*.

II - A INSEGURANÇA JURÍDICA COMO CAMPO FÉRTIL...

referimos aqui à violação da lei por funcionários inescrupulosos com fins espúrios. Apesar de que, obviamente, o fenômeno exista, é pouco importante frente à outra conduta oficial que se observa quase cotidianamente: a violação da lei pelo Estado objetivando, com sinceridade, finalidades públicas. Assim, o Estado nacional, que pune as empresas privadas que mascaram a relação de dependência de seus empregados com a roupagem de uma prestação de serviços, não tem pudor em utilizar essa figura para seu próprio pessoal ao qual o faz aparecer como "contratado" e, portanto, carente de encargos sociais ou de aposentadoria.[98] A província de Buenos Aires reconheceu, através de decretos de seu Governador, que as autoridades provinciais não respeitam as normas sobre contratações, à vista do que fixou um prazo de transição para que as normas começassem a ser cumpridas.[99] Temos que dizer claramente: a

---

[98] Assim permite o Decreto n. 1.184/01. Ver a jurisprudência da *Cámara de Apelaciones del Trabajo* que considerou que a administração incorreu em *fraude legal* por esta prática, In: CUARTANGO, Gonzalo. "La Jurisprudencia Reciente de la Cámara Nacional de Apelaciones del Trabajo sobre el Personal Contratado por la Administración Pública". *In: Errepar Digital.* Disponível em www.errepar.com.

[99] PULVIRENTI, Orlando D. "El caso de la administración adicta y el síndrome de abstinencia (a raíz de los decretos ns. 787/04, 1.344/04, 2.698/04 e n. 305/2005 de la Provincia de Buenos Aires)". *La Ley*, 2005-D, 1217.

administração pública argentina frequentemente leva a cabo impunemente condutas ilegais que, se fossem realizadas por particulares e detectadas, levariam, como consequência, à pena de prisão.

Quando o Estado recorre permanentemente a práticas como os *contratos lixo*[100] ou os pagamentos a empregados públicos que carecem de *caráter remunerativo*[101], está reconhecendo a impossibilidade de assumir o custo de cumprir corretamente com as leis que ele mesmo edita, apesar de que aplique rigorosamente essas leis aos particulares. Tão crescente é este fenômeno que justificaria um estudo especial do tema.

Em uma conferência, Mariano Grondona explicava o fenômeno do Estado violador da lei

---

[100] Assim se chamam os contratos de locação de serviços que se renovam sucessivamente e escondem uma verdadeira relação trabalhista.

[101] Esta corruptela, que nos faz lembrar o quadro de Magritte "Ceci n'est pas une pipe", consiste em qualificar, seja pelo próprio Estado, seja por convênios celebrados por empresas com sindicatos e homologados pela autoridade trabalhista, parte da remuneração dos empregados como se não retribuísse os serviços prestados considerando-os, consequentemente, livres de impostos e cargas sociais. No caso dos trabalhadores privados, a justiça assimilou tais pagamentos "não remunerativos" com os salários, aplicando-lhes as mesmas regras sobre encargos sociais e fiscais e as demais consequências trabalhistas: CSJN, *González c. Polimat S.A.*, 2010, *Fallos* 333:699; CNTrabajo, Sala IV, *Robledo c. Cliba Ingeniería Ambiental S.A.*, 31/5/2012.

II - A INSEGURANÇA JURÍDICA COMO CAMPO FÉRTIL...

recorrendo à distinção de Rawls entre o *legal* e o *bom*:[102] quando a lei se opõe ao que o Estado argentino considera bom", este tende a postergar a lei. Desta maneira, em sua defensa do que ele entende ser o interesse público, o Estado argentino sacrifica uma e outra vez o Estado de Direito. A legalidade cede frente às conveniências imediatas do erário público (quando não da política). As vantagens institucionais que, em longo prazo, derivam-se do respeito à lei são considerados um luxo que valorizamos, mas que não podemos nos permitir nesta situação de *emergência perpétua* em que, como já dissemos, vivemos.

Os tribunais judiciais se veem assim colocados seguidamente ante uma difícil disjuntiva: ou exigem o imediato respeito à lei pelo Estado, à custa de frear importantes políticas públicas, ou toleram inicialmente a violação e acabam responsabilizando o erário por grandes somas. Não é de se estranhar, então, que se exagerem as defesas formais do Estado (o conhecido problema da habilitação da instância, os prazos de caducidade, a renúncia de direitos induzida pelo próprio Estado) para evitar condenar o Estado, ou quando menos atrasar a condenação o que, em grandes números, com o passar do tempo tem o mesmo efeito. O magistrado argentino que contempla a falta de

---

[102] RAWLS, John. *A Theory of Justice*. Massachusetts: Harvard Univ. Press, 1971, pp. 446-452.

conduta jurídica do Estado tem a tentação de imitar o juiz Bridoye que Rabelais descrevia, o qual demorava a sentenciar com o argumento de que o tempo soluciona, por si só, todas as controvérsias.

Ainda sendo compreensível, não deixa de ser criticável a tolerância judicial ante o descumprimento das normas pelo próprio Estado. Em alguns casos, a jurisprudência chega a ignorar a mesma norma: tal ocorre com a *Teoría de la subsanación (teoria da correção)* que permite convalidar a violação do direito de um particular ao devido processo em sede administrativa, reconhecido expressamente pela Lei de Procedimentos Administrativos[103], com o argumento de que a possibilidade de defesa na instância judicial supre aquela precaução.[104]

Quando o próprio autor do Direito e aquele que deveria garantir sua aplicação o ignora, o problema supera a mera insegurança jurídica para desembocar na ausência do Direito. Se o Estado não reconhece o freio do Direito, a mensagem à população é clara e

---

[103] Lei de Procedimentos Administrativos, arts. 1º, inc. *f)* e 7º, inc. *d)*.

[104] Assim ocorreu quando a Suprema Corte convalidou um ato ditado não precedido do parecer jurídico que o art. 7º da LPA exige como precaução *essencial*, com o argumento de que ficava suprido pelo parecer emitido na tramitação do recurso administrativo interposto pelo particular: CSJN, *S.A. Duperial I.C. v. Nación Argentina*, 1979, *Fallos*, 301:953.

II - A INSEGURANÇA JURÍDICA COMO CAMPO FÉRTIL...

dramática: os remédios jurídicos não servem, utilize outros. Desses outros, o principal é a corrupção.

2.7 AS CONSEQUÊNCIAS DA INSEGURANÇA JURÍDICA

A insegurança jurídica que acabamos de descrever tem como consequência colocar em situação de desamparo tanto o cidadão em geral como o próprio funcionário público. Em ambos os casos, essa situação favorece o desenvolvimento da corrupção, além de trazer graves consequências para a vida cívica do país. Se, como já se disse, a existência do Estado de Direito depende, entre outras condições, de que as normas jurídicas sejam estáveis, públicas e o mais definidas possível[105], caberá concluir que a Argentina ainda está longe de ser um verdadeiro Estado de Direito.

2.7.1 O desamparo do cidadão

O resultado dos fatores de insegurança jurídica que acabamos de denunciar é a sensação do cidadão de se encontrar carente de defesa frente ao Estado e ao funcionário que o representa. "Todos os argentinos temos a sensação de estarmos à margem da lei" disse

---

[105] NINO, Carlos S. *Un País al Margen de la Ley*. Buenos Aires: Emecé, 1992, p. 39.

Nino.[106] Os funcionários públicos argentinos podem perfeitamente repetir aquela frase da KGB de Stalin: *"Dê-me o homem e lhe encontrarei o delito"*. Poucos são, estatisticamente, aqueles que combatem contra o Estado nestas circunstâncias. São mais os que se submetem à autoridade sem reclamar. E um número significativo se defende através da corrupção.

Este desamparo tem um efeito nocivo para as liberdades cívicas: "Não há um campo mais fértil para o autoritarismo do que quando toda a cidadania está em falta e, portanto, à mercê do poder" diz o autor citado acima, e que acrescenta em outro lugar

> O fato de que todos os argentinos estejamos à margem da lei nos debilita como cidadãos frente ao poder público e nos torna passíveis de sofrermos atitudes arbitrárias ou autoritárias por parte das autoridades. Todos temos "culpa no cartório" e por isso procuramos não levantar demasiado nossa cabeça ou nossa voz.[107]

---

[106] *Un País al Margen de la Ley*. Buenos Aires: Emecé, 1992, p. 117. Também Gordillo escreveu sobre o fenômeno da falta de defesa do administrado provocado, entre outras causas, pelas normas não razoáveis. (GORDILLO, Agustín. *La Administración Paralela*. Madri: Civitas, 1982, pp. 21 e 24).

[107] NINO, Carlos S. *Un País al Margen de la Ley*. Buenos Aires: Emecé, 1992, pp. 117 e 133.

II - A INSEGURANÇA JURÍDICA COMO CAMPO FÉRTIL...

O desamparo dos particulares tem um efeito adicional, ainda que indireto, sobre a corrupção, ao desalentar as críticas aos funcionários públicos quando estão no topo do seu poder por temor a suas represálias. O desamparo cria temor e o temor dos cidadãos é um bom aliado da impunidade dos poderosos. O resultado é que a crítica à corrupção – tema hoje inevitável no discurso social e político – é esporádica e tímida frente aos detentores do poder, mas – como contrapartida – é constante, impiedosa e nem sempre justa para com os que já não o possuem. E como muitos daqueles que criticam não se preocupam tanto para chegar à verdade com respeito aos verdadeiros casos de corrupção, senão que, ao amparo da natural demora das tramitações judiciais, na verdade procuram destruir politicamente os adversários, a conclusão que a classe política extrai deste fenômeno é que o pecado reside na perda do poder e não na prática da corrupção. Daí surge a tendência a modificar a Constituição para permitir a reeleição que tem se observado tanto a nível nacional como provincial.[108] Cincinato não é um modelo para os políticos argentinos.

---

[108] A Constituição nacional foi reformada em 1994 com este propósito. As seguintes províncias permitem a reeleição do governador: San Luís (reforma de 1987), art. 147; La Rioja (reformas de 1998 e 2002), art. 117; Catamarca (reforma de 1988), art. 133. As províncias de Santa Fé e Corrientes estariam contemplando uma reforma neste mesmo sentido.

Poderemos pensar que somente as grandes empresas sofrem os problemas que descrevemos, mas não é assim. A situação de insegurança jurídica na qual se desenvolvem todos os empresários e os particulares em geral, evidencia-se mais no caso das grandes empresas, pois são frequentemente as únicas que acionam judicialmente. Além disso, como as represálias jurídicas e políticas têm hoje em dia âmbito de aplicação principalmente patrimonial, são elas as que estão mais expostas a esse respeito. E a opressão oficial se centra mais sobre elas, porque são menos, do que sobre as empresas menores, que são muito mais numerosas e cuja perseguição em grande escala pode gerar, portanto, consequências políticas. Mas o fenômeno afeta também as pequenas e médias empresas, que frequentemente não têm recursos para litigar, e nas quais a sensação geral é de vulnerabilidade ante a arbitrariedade do funcionário. Pior ainda é a posição dos indivíduos quando enfrentam problemas como os assinalados.

A problemática do descumprimento fiscal das pequenas empresas, situação que se observa em muitos países, merece parágrafo aparte. Um jornalista inglês que costumava veranear na Itália observou como, no ano em que se começou a aplicar de modo geral a política de *mani pulite* (*mãos limpas*), nenhuma das pequenas lojas que costumavam amenizar a estadia na praia funcionava (aluguel de embarcações, vendedores ambulantes, cafés etc). Todos eles funcionavam à

II - A INSEGURANÇA JURÍDICA COMO CAMPO FÉRTIL...

margem da lei, razão pela qual a estrita aplicação da norma por funcionários agora não corrompíveis lhes impedia operar. Em nosso país ocorre o mesmo: quando os inspetores fiscais chegam a uma pequena localidade, todas as lojas costumam fechar. Pode o Estado ignorar esta realidade social e continuar legislando como se suas ordens chegassem a serem cumpridas pela maioria dos destinatários? Se assim o faz, é porque deve saber que as duas únicas atitudes de seus funcionários ante uma desobediência em massa à lei são a passividade (excetuando esporádicas tentativas de controle) quando são honestos, ou a corrupção quando não o são. Por isso, toda medida que simplificar e baratear a tributação dos pequenos empreendimentos deverá ser bem-vinda.[109]

2.7.2 O desamparo do funcionário público

Pareceria contraditório com tudo o que se acaba de expor que também o funcionário se encontre

---

[109] No sentido proposto cabe destacar que o sistema do *monotributo* constitui na Argentina um importante avanço para solucionar estes problemas para aqueles que estão na escala de receita mais baixa do setor empresarial e profissional, mas seu ínfimo patamar deixa uma grande porcentagem de pequenos empresários fora do regime: O faturamento anual por serviços não deve superar 200.000 pesos ou 300.000 pesos segundo o caso. (Ver Lei n. 25.865, art. 2º de seu Anexo, modificada por Lei n. 26.565).

indefeso frente ao Estado. No entanto tal falta de defesa existe: numerosos são os diretores do Banco Central que foram e continuam sendo processados por decisões tomadas durante o exercício de suas funções e que são analisadas pela Justiça Penal para determinar se produziram um prejuízo indevido ao Estado. (Por exemplo, a outorga de redescontos a um banco que, apesar dessa ajuda, entra posteriormente, e antes de devolvê-los, em falência). Isso indica que o Estado é o todo-poderoso, não o funcionário: na medida em que este se enfrenta com o particular, assumindo a representação do Estado, participa dessa supremacia. Mas é aí, onde ele se vê frente ao Estado repressor, que fica desarmado frente a suspeita e a uma espécie de inversão do ônus da prova que pareceria reger na primeira etapa dos processos penais em nosso país. Aqui se volta contra o funcionário a insegurança jurídica que descrevemos acima: sua conduta será analisada à luz de normas obscuras, ambíguas, contraditórias ou de validade duvidosa.[110] Toda a

---

[110] Vários diretores de Sociedades do Estado tiveram que suportar esta contradição: enquanto ocupavam o cargo não eram considerados sujeitos às normas que se aplicam aos funcionários públicos porque, de acordo com a Lei n. 20.705, eram regidos pelas normas da Lei de Sociedades sobre diretores de sociedades anônimas, mas assim que deixaram o cargo foram perseguidos penalmente por não respeitarem aquelas normas que tentaram ser aplicadas a eles com o argumento de que manejavam recursos públicos.

II - A INSEGURANÇA JURÍDICA COMO CAMPO FÉRTIL...

incerteza na qual os particulares devem se desempenhar opera neste momento contra o próprio funcionário público.

Esta prática de suspeitar de todo o funcionário que reconhece ou outorga algum direito a um particular também foi indicada como causa da corrupção, já que seu resultado paradoxal é que os funcionários honestos não querem tomar decisões favoráveis ao particular e somente mediante a corrupção o particular consegue finalmente que um funcionário incorreto lhe outorgue o que por direito, ou razoavelmente, lhe corresponderia. Inúmeras são as vezes em que ouvimos um funcionário público dizer que o particular tem razão mas que ele não pode reconhecê-la porque correria o risco de ser incriminado. Inúmeras são também as sentenças que devem condenar o Estado a pagar grandes somas porque nenhum funcionário público se atreveu a negociar antecipadamente a contenda, apesar de ser previsível que a transação teria resultado em uma substancial economia para o Estado. Como já se disse: "Em nosso país, sempre que se recusa um direito, pode-se agir sumariamente e sem maiores fundamentos, ou sem fundamentos, sem que se deva temer nenhuma intervenção corretiva por parte dos organismos de controle. Esta prática errônea e autoritária constitui uma das maiores fontes de corrupção de nosso sistema administrativo. Posto que o funcionário, ao ter o poder absoluto e sem controle de conceder ou não conceder, está de fato livre para se corromper".[111] Somente quando a negativa infundada do funcionário a reconhecer o direito que a lei outorga ao particular acarrete a possibilidade de ser punido esta atitude começará a ser corrigida.

O sistema penal que assim construímos é duplamente imperfeito: não consegue frear os abusos, mas trata com crueldade o inocente e com clemência o culpado. Embora ambos sejam igualmente perseguidos pelo sistema, geralmente nenhum dos dois é finalmente punido. A perseguição é castigo excessivo para o honesto e insuficiente para o culpado.

Cabe perguntar-se se não seria o caso de se estabelecerem pautas mais estritas para permitir a perseguição penal dos funcionários públicos. A mera existência de um prejuízo fiscal não deveria ser suficiente para isso. Não se deveria também processar pelo delito de violação de deveres do funcionário público quando a validade da conduta do funcionário é duvidosa e não existe clara evidência de fraude. Ao contrário, proliferam as causas penais de claro conteúdo político, que é uma das razões pelas quais a justiça não pode avançar com mais rapidez nos casos

---

[111] CRIVELLI, Julio C.; VEGA, Susana. "Un nuevo sistema de redeterminación de precios para la obra pública: el DNU n. 1295/02". *Revista de Administración Pública*, 290:44, nota 7.

II - A INSEGURANÇA JURÍDICA COMO CAMPO FÉRTIL...

em que sim há provas de corrupção. Perder tempo investigando os honestos é uma das maneiras de não ter tempo para investigar os corruptos.[112]

O critério que defendemos evitaria o escândalo jurídico de ver pessoas de reputação irrepreensível[113] transitando durante décadas pelos tribunais para se defenderem de imputações nas quais se questiona, na verdade, a conveniência ou mérito das decisões que tomaram durante sua passagem pela função pública, imputações frequentemente instigadas pelos interesses privados que tais decisões afetaram. Evitaria também a desonra do Poder Judiciário ao ver-se convertido em cúmplice involuntário da luta política. E eliminaria, enfim, a principal razão que leva muitas pessoas capazes a se recusarem a desempenhar função pública.

Como comparação, podemos trazer à tona a doutrina da imunidade do funcionário público que existe nos Estados Unidos. Esta figura foi criada pela

---

[112] Conforme nosso artigo "El control de los honestos". *La Nación*, 27.02.03.

[113] Uma delas, funcionário internacional de destacada carreira e atualmente, apesar de ser argentino, membro da diretoria de um importante Banco Central europeu, deve comparecer periodicamente perante a justiça penal argentina para explicar seus atos enquanto foi funcionário público em nosso país. Devido a nosso autismo nacional não percebemos que situações como esta afetam mais o prestígio de nossas instituições que o das pessoas injustamente envolvidas.

jurisprudência norte-americana a fim de proteger os funcionários da necessidade de se defenderem nas causas judiciais que tentam responsabilizá-los por decisões tomadas no exercício de suas funções. Os juízes reconhecem que, se não se outorgasse tal imunidade, o afã dos funcionários em defesa dos interesses do Estado se abateria. Nenhum funcionário gostaria de decidir se depois deverá defender sua decisão em um processo, com os custos e riscos resultantes. É lógico que se trata de casos nos quais não se alegam fundadamente atos de corrupção. Esta imunidade é absoluta no caso do Presidente, dos Ministros, dos Juízes e de alguns outros funcionários como os Fiscais. Isso significa que, iniciada uma ação civil que busca responsabilizar o funcionário por uma medida adotada no exercício da função pública, tal ação é rechaçada *in limine* ante o pedido do demandado, sem sequer abrir-se a prova. Para os demais funcionários a imunidade é somente *relativa*, o que significa que se chega ao mesmo resultado processual a menos que a decisão questionada vulnere normas que qualquer pessoa razoável deveria saber que existem.[114]

---

[114] DAVIS, Kenneth Culp; PIERCE, Jr., Richard J. *Administrative Law Treatise*. 3ª ed. Tomo 3. Boston: Little Brown & Co., 1994, p. 208; SCHWARTZ, Bernard, *Administrative Law*. 2ª ed. Boston: Little Brown & Co., 1984, p. 559. O *leading case* é *Butz v. Economou*, 438 U. S. 478 (1978.) A doutrina se aplica às ações

II - A INSEGURANÇA JURÍDICA COMO CAMPO FÉRTIL...

2.8 UTOPIA OU REALIDADE?

É possível que o leitor compartilhe as observações formuladas até aqui, mas tema que os defeitos que criticamos sejam impossíveis de erradicar, por serem próprios de todo sistema jurídico. Mudar o presente estado de coisas seria uma utopia.

Podemos replicar esta reação razoável com o mesmo argumento que demos no começo: em todo o sistema jurídico há dúvidas e conflitos normativos, mas na Argentina o grau que alcançaram é inusitado e incompatível com o nível cultural médio da população. Se observarmos qualquer estatística que pretenda medir a insegurança jurídica nos diferentes países, veremos que a Argentina está colocada em uma muito má posição e no nível de países cujo desenvolvimento cultural é muito menor do que o nosso.[115]

---

civis porque nos Estados Unidos a ação penal depende do fiscal público: Ver nota 149, *infra*.

[115] Em uma lista preparada pelo Banco Mundial sobre a vigência de *rule of law*, Argentina figura em um lugar pouco destacado, muito abaixo dos países do primeiro mundo, e ainda pior que o Chile, o Uruguai, o Brasil e o México. (http://econ.worldbank. org/WBSITE/EXTERNAL/EXTDEC/EXTRESEARCH/0.) Idênticas conclusões se extraem de um relatório preparado recentemente pelo World Economic Forum. (FERRARESE, Laura. "El boletín de calificaciones que entrega el Foro Económico Mundial ubica a la Argentina en el puesto 69 entre 125 países; esto da lugar a comparaciones que duelen y asombran". *La Nación*,

Para comprovar que um sistema jurídico mais respeitoso aos interesses privados é possível, basta enumerar algumas das regras assentadas pelos tribunais da União Europeia com respeito à legislação comunitária. Elas oferecem, em vários aspectos chave, um claro contraste com a situação argentina que acabamos de descrever, como demonstram os seguintes princípios criados por esses tribunais:

Com respeito ao princípio de certeza legal: este princípio requer que o efeito de uma disposição legal seja claro e previsível para as pessoas a ela sujeitas, especialmente quando implica em consequências econômicas.

Com respeito às penas: as penas não devem ir além do necessário para conseguir o objetivo buscado ao impô-las, devem ser o menos onerosas possível e não podem ser tão desproporcionais com a gravidade da ofensa que limitem as liberdades que os documentos constitutivos da Comunidade outorgam.[116] Nenhuma pena, ainda que não tenha caráter penal, pode ser

---

28.01.07. Disponível em http://www.lanacion.com.ar/878894-el-boletin-de-calificaciones-que-entrega-el-foro-economico-mundial-ubica-a-la-argentina-en-el-puesto-69-entre-125-paises-esto-da-lugar-a-comparaciones-que-duelen-y-asombran).

[116] Este critério é oposto ao que a jurisprudência argentina segue: Ver MALJAR, Daniel E. *El Derecho Administrativo Sancionador*. Buenos Aires: Ad-Hoc, 2004, pp. 373-376.

II - A INSEGURANÇA JURÍDICA COMO CAMPO FÉRTIL...

aplicada, a menos que se apoie sobre uma base clara e livre de ambiguidades.

Quanto às mudanças de legislação: em geral, uma instituição comunitária não pode dispor que um regulamento entre em vigência no dia de sua publicação, a menos que o risco do dano à comunidade justifique o contrário. Quando não se pode outorgar um período de transição para permitir que as empresas se ajustem à nova legislação, esta deve ser interpretada com liberalidade.

Quanto às legítimas expectativas: quando uma instituição comunitária adota uma prática que tolera a conduta de uma pessoa, viola as legítimas expectativas dessa pessoa mudar essa prática com efeito retroativo: a mudança de prática requer uma disposição legal expressa ou um aviso individual à pessoa em questão dado com suficiente antecipação. O mesmo princípio proíbe, em princípio, que as instituições comunitárias modifiquem suas regras sem estabelecer um período de transição, a menos que isso contrarie um interesse público superior.[117]

---

[117] Tomamos estas regras de LASOK, K. P. E.; LASOK, Paul; MILLETT, T. *Judicial Control in the EU:* procedures and principles. London: Richmond Law & Tax Ltd., 2004, pp. 341-364. Sobre o tema, ver também SCHWARTZE, Jürgen. *European Administrative Law*. London: Sweet & Maxwell, 1992, pp. 938-956. Em Argentina analisa o tema, com compilação de

Nós argentinos nos vangloriamos de sermos parecidos aos europeus: o que esperamos então para imitá-los também neste aspecto?

COMENTÁRIOS À EDIÇÃO BRASILEIRA

Em frase lapidar, Mairal diz que a "*insegurança jurídica atua como aliada da corrupção; o que não é certamente um fenômeno novo*".

Não nos impressiona a similitude existente, na Argentina e Brasil, das situações e do comportamento legislativo e normativo, em especial, da operação funcional desempenhada pelos funcionários públicos.

O *desconhecimento da norma (item 2.1)* ocorre, no Brasil em inúmeras oportunidades. Por razões similares às apontadas, em muitos casos, não se fica sabendo se determinada disposição legal está ou não em vigor. Enorme insegurança jurídica é causada pelo número absurdo de normas infralegais que são editadas no Brasil.

A *falta de clareza ou a ambiguidade das normas (item 2.2),* levando a incertezas, demonstra, a contrário senso, a importância da certeza como um dos valores

---

jurisprudência comunitária: COVIELLO, Pedro. *La Protección de la Confianza del Administrado*. Buenos Aires: Lexis-Nexis, 2004, pp. 86-144.

II - A INSEGURANÇA JURÍDICA COMO CAMPO FÉRTIL...

que incidem sobre a moralidade administrativa. A ambiguidade das normas como instrumento favorecedor da corrupção, apontada por Mairal, seria passível de solução com a aplicação, no Direito público, do princípio segundo o qual, em caso de dúvida, os escritos devem ser interpretados contra o seu autor, no caso, contra o Estado e a favor do particular.

A falta de clareza das normas recai no Brasil sobre os particulares, sendo que as interpretações ambíguas sempre são efetuadas em desfavor do particular.

Normas de validade duvidosa (item 2.3) encontram-se, em todos os níveis, tão frequentemente, que é mais fácil dizer que quase a generalidade das leis são inconstitucionais, em especial as federais, do que dizer que a inconstitucionalidade das leis seja a exceção. É incrível que, em cada lei aprovada pelo nosso Congresso, sempre existem algumas (e muitas) inconstitucionalidades. Sempre se pergunta para que existe, no Congresso, a Comissão de Constituição e Justiça? Entre nós, o regime federativo é esquecido (talvez conscientemente) e quase todas as leis que são promulgadas, no país, de uma forma ou outra, contém inconstitucionalidades.

Entre nós, não se poderia exigir maiores cuidados, mais responsabilidade e maior nível de correção jurídica, pois os nossos congressistas, de

105

costume, trabalham, a subsídios altíssimos, em um calendário bastante flexível e pouco exigente, já que consequências políticas, a não reeleição, não são enfrentadas. Não se veem remédios jurídicos para tal, pois, como os Congressistas legislam, chegaram, recentemente, ao ponto de uma Resolução, baixada pelo Congresso (como que isso fosse moral) tornar-se norma de direito.

A *restrição no acesso à Justiça (item 2.4),* sem dúvida, contribui para a perpetuação e a proliferação da corrupção. Se o cidadão não se sente protegido pela facilidade de obter a proteção a que tem título como cidadão do país, o desincentivo a não procurar a Justiça é relevante e demonstra uma restrição corrente. A lentidão na distribuição da Justiça adiciona a sensação de impunidade e de desapreço à mesma, constituindo isso, em si mesmo, uma restrição ao acesso jurisdicional. No Brasil, muitas vezes, a lentidão é debitada ao acúmulo de serviço, considerado o maior responsável pela lentidão e morosidade da nossa Justiça. Mais, reformas processuais, institucionais etc, não tem sido levadas a efeito como seria de se desejar.

A Justiça não só é lenta como também, no seu seio, como reiteradamente noticiado pela imprensa, há membros que marcaram suas atuações com o selo da corrupção, conforme processos levados a efeito pelo Conselho Nacional de Justiça.

II - A INSEGURANÇA JURÍDICA COMO CAMPO FÉRTIL...

O desprezo da lei pelo próprio Estado (item 2.6), um assunto longamente comentado pelo mestre Héctor Mairal e muito bem desenvolvido, leva o autor, ao final de sua argumentação, muito acertadamente, a fazer uma assertiva, que vale a pena repetir, pois resume os argumentos fundamentais:

> Quando o próprio autor do direito e aquele que deveria garantir sua aplicação o ignora, o problema supera a mera insegurança jurídica para desembocar na ausência do direito. Se o Estado não reconhece o freio do direito, a mensagem à população é clara e dramática: os remédios jurídicos não servem, utilize outros. Desses outros, o principal é a corrupção.

Infelizmente, constata-se que essa conclusão aplica-se adequadamente a nosso país, inobstante esforços desenvolvidos para que assim não seja. A violência do Estado contra o cidadão se manifesta, desde interpretações nebulosas da norma, no sentido de ser injusto e fora do Estado de Direito, até mesmo, fisicamente, quando, em certos casos, há violência física pela polícia contra a população indefesa.

Em muitos casos, o Poder Público investe contra o particular com base em portarias, resoluções, atos normativos etc. violando uma das maiores garantias do cidadão, prevista no art. 5º, II, da

Constituição: *"ninguém será obrigado a fazer ou deixar de fazer alguma coisa senão em virtude de lei"*. Esse tipo de violação dos direitos do cidadão é gravíssimo (e os autores dela parecem não se dar conta disso), eis que o inciso II é petrificado como um direito e garantia individual (art. 5º) e o art. 60, § 4º, da Constituição, em apoio e consolidação, reza: *"Não será objeto de deliberação a proposta de emenda tendente a abolir: (...) IV. os direitos e garantias individuais"*.

Ora, se nem uma Emenda Constitucional pode violar o inciso IV do § 4º do art. 60 da Constituição, como uma simples portaria, resolução, ato normativo etc., poderia fazê-lo? Se o Estado não reconhece o direito e a garantia do cidadão, o Estado Democrático de Direito, de que fala o artigo 1º da Constituição, inexiste. Somente restará a corrupção, vendendo-se facilidade quando se criam dificuldades não constantes de leis e, portanto, facilmente deixadas de lado, mediante propinas.

As consequências da insegurança jurídica (item 2.7), que, em análise final, coloca em situação de desamparo todos os cidadãos, os governados e os governantes, são deletérias para qualquer sociedade. A quem recorrer quando quem o deve proteger também não está protegido?

Tudo isso se aplica como uma luva ao Brasil. A insegurança jurídica que nasce das próprias normas

II - A INSEGURANÇA JURÍDICA COMO CAMPO FÉRTIL...

jurídicas (em sua profusão, em suas inconstitucionalidades, em suas ambiguidades e, mais, em frontais desrespeitos ao Estado de Direito) é responsável pela inexistência em nosso país hodierno de um Estado de Direito confiável. Muitas vezes, as normas jurídicas são feitas para atender interesses secundários e não ao interesse público.

Criaram-se normas sobre Agências Reguladoras que, inexoravelmente, vão cada vez mais caminhando para o cenário monopolístico da blindagem dos reguladores, que "capturam" os regulados, para que estes atendam aos seus interesses e não ao interesse público.

Normas sobre pregões presenciais e eletrônicos, que, a título de trazerem benefícios de agilidade e economia pública, levam à condenação do Poder Público para adquirir coisas da pior qualidade. Os conluios são frequentes nesses tipos de licitações. Normas outras que obrigam cidadãos a se adaptarem a disposições de leis novas, violentando-se direitos adquiridos e o ato jurídico perfeito, existem às escâncaras no Brasil.

Tudo isso leva à insegurança jurídica. E, a segurança jurídica é tudo no Direito. Trata-se de um princípio cardeal e universal.

Adilson de Abreu Dallari[118] escreveu:

---

[118] Em seu artigo: "Segurança Jurídica e anulação do contrato administrativo", em *Segurança Jurídica no Brasil*, coletânea de artigos sobre a matéria, editada pelo SINICESP/RG Editores, 2012.

O princípio da segurança jurídica, por se constituir na própria razão de ser da ordem jurídica estabelecida, costuma ser qualificado pela doutrina como um super princípio, ou até mais do que isso. A segurança jurídica é uma necessidade humana básica, considerada uma das principais causas da própria existência do Direito. Se a existência do ordenamento jurídico decorre da necessidade humana de segurança, não há como conceber um ordenamento em que ela não esteja presente: seja um ordenamento escrito ou não escrito, a existência do ordenamento jurídico dá-se pela necessidade de segurança – e, por isso, pressupõe um valor. Em outras palavras, pode-se afirmar que, enquanto a concretização da segurança é a causa final do Direito, a necessidade de segurança é sua causa eficiente.

"Dentre os denominadores principais jurídicos destaca-se, assim, a importância da segurança jurídica".[119]

Com efeito, a título de exemplo, ter um Direito sem segurança jurídica, é o mesmo que ter o direito à vida para morar debaixo de uma ponte.

Como disse Ivan Barbosa Rigolin:

---

[119] MARTINS, Ricardo Marcondes. "Efeitos dos vícios do ato administrativo". *Temas de Direito Administrativo,* São Paulo: Malheiros, n. 19, 2008, pp. 306/ 307 e pp. 20/21.

II - A INSEGURANÇA JURÍDICA COMO CAMPO FÉRTIL...

"A segurança jurídica é para o direito como o ar que se respira, ou a energia do sol, sem a qual nada sobrevive. Sem o seu mais completo asseguramento, retrocedemos ex abrupto *à pedra lascada".*[120]

O desamparo do cidadão (item 2.7.1) face ao Direito apresenta-se de forma concreta no Brasil. Não só está o cidadão desamparado, como ainda está inegavelmente submetido a uma situação existencial kafkaniana. Explicamos. O brasileiro é obrigado a pagar altíssimos impostos, indiretos sobre tudo que adquire ou usa, e diretos sobre seus rendimentos, serviços, propriedades etc. Em seguida é obrigado a votar. E aqui, não lhe adianta em quem lhe pareça honesto. É uma verdadeira armadilha institucional e legal a que está submetido o cidadão brasileiro.

Mairal, citando Nino, repete: *"Todos os argentinos temos a sensação de estarmos à margem da lei".* Pode-se, sem margem de erro, substituir-se "argentinos" por "brasileiros".

Em *Utopia ou Realidade, (item 2.8),* digladia-se Mairal na caracterização da luta contra a corrupção, indagando a final que se os argentinos se vangloriam de serem parecidos com os europeus, porque não os imitam.

---

[120] "Segurança Jurídica em Contratos Administrativos". *Segurança Jurídica no Brasil*. Brasilia: SINICESP, 2012, pg. 98.

III

fatores que incidem diretamente sobre a corrupção

Além da insegurança jurídica que age como "campo fértil" para a corrupção, outros fatores incidem de forma mais direta e imediata alimentando sua expansão. Referimo-nos a normas irreais e ao excesso em se outorgar faculdades discricionárias.

3.1 AS NORMAS IRREAIS OU EXCESSIVAMENTE AMBICIOSAS

O particular pode estar sujeito a possíveis punições por violar uma norma válida e clara, mas a transgride no caso de esta ser impossível ou muito difícil de ser cumprida na prática ou pelo custo que implica segui-la. Não estamos aqui nos referindo a uma norma fisicamente impossível de ser seguida, pois se fosse este o caso, esta norma não seria válida, segundo o conceito da razoabilidade das leis. Estamos nos referindo à inviabilidade econômica que significaria seu cumprimento.

Juan Agustín García menciona, em *La Ciudad Indiana*, que *o desprezo da lei* é uma constante do nosso comportamento que vem desde a época colonial.[121] Essa mesma atitude se mantém atualmente, como demonstra a obra de Carlos Nino citado várias vezes neste trabalho e estudos estatísticos ainda mais recentes.[122]

No entanto, nem sempre se percebe que esse desprezo é motivado, pelo menos em algumas oportunidades, pela irrealidade ou injustiça das regras que o Estado edita e pretende aplicar. Para dar um exemplo mais moderno: durante a segunda metade do século XX, a moeda argentina perdeu *treze zeros*. Isto significa que, se esses treze zeros não tivessem

---

[121] Citado por HERNANDEZ, Antonio Maria; ZOVATTO, Daniel; MORA Y ARAUJO, Manuel. *Argentina*: una sociedad anómica. México: Universidad Nacional Autónoma de Méjico, 2005, pp. 13-16.

[122] HERNANDEZ, Antonio Maria; ZOVATTO, Daniel; MORA Y ARAUJO, Manuel. *Argentina*: una sociedad anómica. México: Universidad Nacional Autónoma de Méjico, 2005.

III - FATORES QUE AFETAM DIRETAMENTE...

sido retirados, uma xícara de café custaria hoje dez bilhões de pesos (dez trilhões na nomenclatura anglo-saxônica). Mas este mesmo Estado, que falhou em sua missão básica de fornecer uma moeda confiável para seus cidadãos, pretendeu e continua pretendendo punir severamente aqueles que desejam refugiar-se em uma moeda real.[123] Assim, um passo importante, para se modificar a tendência nacional de não se cumprir as normas, seria analisar realisticamente a viabilidade das mesmas, antes de editá-las.

A existência de normas, cujo cumprimento é praticamente impossível, muito difícil ou muito caro, foi identificada por Hernando de Soto como uma das principais causas da corrupção, já que o suborno é o custo que o empresário informal paga para evitar penalidades e assim poder permanecer em atividade.[124] Este fenômeno também foi estudado no Brasil.[125] Em

---

[123] Para compreender os extremos alcançados pelo governo argentino na aplicação de suas políticas cambiais, ver o caso no qual foi processada uma idosa aposentada que trocou duzentos dólares em moeda argentina com outra pessoa numa via pública para evitar filas na entrada do banco: CN Penal Econômico, Sala A, *Murillo*, JA, 2005-II, 50. (A corte de apelação reduziu a multa de 600 pesos imposta em primeira instância, o que equivalia confiscar o valor da troca – por uma soma "simbólica" de 10 pesos).

[124] *El Otro Sendero*. Buenos Aires: Sudamericana, 1987, pp. 196-199.

[125] ROSENN, Keith S. "The Jeito: Brazil's Institucional Bypass

nosso país, dizia Nino, ao analisar as causas da corrupção: "Há normas que exigem obrigações absurdas ou quase impossíveis de serem cumpridas" e deu como exemplo as normas de alvarás de lojas que impõem precauções exageradas.[126] Vanossi chamou de *Semilleros de Corrupción* (sementeiras da corrupção) os excessos de regulamentos.[127]

O mesmo ocorre com as normas ambiciosas demais que trasladam, a alguns particulares, os custos do desenvolvimento social a que elas aspiram, o que é compreensível, mas às vezes um pouco imprudente. Tal como sucede com as normas urbanísticas, que, segundo Nieto, são uma frequente fonte de corrupção[128]: Como o valor de um terreno varia drasticamente, dependendo da decisão discricionária do funcionário ou do órgão que aplica as regras de zoneamento, é ser muito otimista esperar que a corrupção esteja ausente na adoção deste tipo de decisão. Algo semelhante foi observado nas normas de saneamento ambiental impostas em sistemas nos

---

of the formal Legal System". *American Journal of Comparative Law*, vol. 19, 1971, p. 514.

[126] *Un País al Margen de la Ley*. Buenos Aires: Emecé, 1992, p. 117.

[127] VANOSSI, Jorge R. A. "Primera aproximación al enfoque jurídico de la corrupción", *El Derecho*, 149-749.

[128] *Corrupción en la España Democrática*. Barcelona: Ariel, 1997, p. 191.

III - FATORES QUE AFETAM DIRETAMENTE...

quais se observa uma corrupção generalizada: "Geralmente é mais barato subornar o funcionário do que implementar as melhorias".[129]

Não combatemos aqui as normas que buscam metas de desenvolvimento social. Mas tenhamos consciência de que, a menos que se possa assegurar um controle geral e eficiente, quanto mais ambiciosa a norma for, mais aumentarão as oportunidades para a corrupção: *"Uma regulamentação mais rigorosa não garante produtos de maior qualidade (...) O que sim estimula é o aumento da corrupção".*[130] Observe-se que, além disso, a proliferação de requisitos leva a que requisitos importantes coexistam com os secundários. E se o cumprimento dos últimos for muito difícil, tende-se a recorrer à corrupção para contorná-los. Assim o suborno pode levar a que não se controle nenhum tipo de requisito.

Por isso, um país como a Argentina, cuja sociedade demonstra ser suscetível em alto grau à corrupção e é relutante em cumprir a lei, deveria traçar objetivos modestos ao definir os objetivos de suas

---

[129] ROSE-ACKERMAN, Susan. "Is Leaner Government Necessarily Cleaner Government?" *In:* TULCHIN, Joseph S.; ESPOCH, Ralph H. (coord.). *Combating Corruption in Latin America.* Baltimore: Johns Hopkins University Press, 2000, p. 89.

[130] VARGAS LLOSA, Álvaro. *Rumbo a la Libertad.* Buenos Aires: Planeta, 2004, p. 291.

normas, quando não estiverem em jogo a vida ou a saúde das pessoas. Impor novas e ambiciosas normas, sem prever o aumento do gasto público necessário para controlar seu cumprimento, equivale a incentivar a corrupção. Por isso, quando se estabelecerem ambiciosas metas, devem ser também previstos sistemas de controle eficientes e permanentes com sua correspondente previsão no orçamento. Caso contrário, punir-se-ão os bons cidadãos, forçando-os a cumprirem deveres onerosos, recompensando os maus cidadãos, ao tolerar a falta de cumprimento por passividade ou conluio.

A coexistência de um excesso de normas, com o costume de ignorá-las de forma imprudente, tem sido uma constante na nossa vida municipal. A verdade é que a maioria dos serviços e atividades, que se prestam ao público se desenvolve em condições precárias, irregulares, inseguras ou insalubres. As autoridades acreditam que cumpriram sua missão ao promulgarem normas que estabelecem as condições ideais na prestação dos serviços. Sua passividade diante do descumprimento generalizado muitas vezes se deve, nos estratos inferiores da administração, ao efeito combinado da corrupção e da pouca eficácia prática do direito disciplinar e, nos estratos superiores, à decisão de evitar o custo político de punir numerosos pequenos operadores e de encarecer o preço dos serviços aos quais as pessoas de baixa renda têm

III - FATORES QUE AFETAM DIRETAMENTE...

acesso. Produzido um acidente, cai o peso da lei sobre o empregador responsável, mas em última análise, não altera a situação do descumprimento generalizado, demonstrando que os funcionários estão mais preocupados em salvar a sua responsabilidade do que corrigir a situação geral. A terrível tragédia nos últimos dias de 2004 na cidade de Buenos Aires[131] causou entre nós a mesma reação oficial observada na Espanha: "[as] autoridades, que após um acidente ou algum imprevisto, implementam todas as inspeções que até então não existiam, são e sempre foram, moeda corrente em nossa atividade pública".[132]

Em suma, a combinação de uma classe política ansiosa em "melhorar" a sociedade impondo continuamente novas obrigações e proibições (mas curiosamente indiferente ao respeito efetivo das regras), com um funcionalismo mal remunerado, mal controlado e sobrecarregado, é uma receita ideal para produzir corrupção. Esta correlação geralmente passa despercebida. Só assim se explica que muitas vezes as pessoas mais interessadas em lutar contra a

---

[131] Referimo-nos ao incêndio no qual morreram 194 jovens, provocado em uma boate local (República de Cromañón) que possuía permissão de funcionamento apesar de não cumprir com as regulamentações municipais.

[132] SABÁN GODOY, Alfonso. *El Marco Jurídico de la Corrupción*. Madrid: Cívitas, 1991, p. 48.

corrupção sejam também as mais partidárias em promover o desenvolvimento social através de novos regulamentos.

O excesso de regulamentação (*regulatory overshoot*) em nosso país é uma consequência, em grande parte, da concepção da lei com um objetivo de desenvolvimento social e não como uma exigência mínima de conduta. "A concepção subjacente a esta atitude é encarar a lei como um ideal puro, coletivo, maravilhoso, mas em última análise longínquo e inaplicável".[133] Como diz Ernesto Garzón Valdés: "Os latino-americanos costumamos ser especialistas no cultivo da dimensão simbólica das leis".[134] Em vez de definir diretrizes realistas, que somente com o passar do tempo podem ir se tornando mais exigentes, são definidas *ab initio* exigências que só podem ser cumpridas por poucos. As normas são ditadas sabendo-se que não poderão ser respeitadas, especulando-se que, através de sua mera existência os indivíduos a quem estas se destinam, gradativamente, adaptem seu comportamento às novas exigências. Frequentemente essas leis são copiadas de outros países mais avançados, sem antes ser analisada sua compatibilidade com as reais

---

[133] GRONDONA *La corrupción*. 3ª ed. Buenos Aires: Planeta, 1993, p. 73.

[134] "Acerca del concepto de corrupción". *In:* CARBONELL, Miguel; VÁZQUEZ, Rodolfo (coord.). *Poder, Derecho y Corrupción*. México: Siglo XXI, 2003, p. 28.

III - FATORES QUE AFETAM DIRETAMENTE...

condições em que se desenvolve a sociedade argentina. Acontece muitas vezes que a versão Argentina é ainda mais rigorosa do que a original, o que demonstra que o efeito esperado ao se sancionar a norma é demonstrar o afã dos legisladores ou funcionários mais do que estabelecer diretrizes razoáveis para o comportamento. Colocar os particulares numa situação de irregularidade generalizada não é um problema que pareça tirar o sono dos autores das normas argentinas.

Assim, enquanto o Tratado Internacional sobre os Efluentes Perigosos considera como tal os produtos incluídos na lista de seu Primeiro Anexo, cujas características estão descritas no Segundo Anexo, a lei argentina, que copia as regras do Tratado, considera efluente perigoso qualquer produto incluído na lista do referido Primeiro Anexo, ou que tenha as características descritas no Segundo Anexo. Com isso, qualquer escritório que descarte cartuchos de tinta da impressora pode ser considerado um gerador de resíduos perigosos e deveria se inscrever no Registro de Geradores de Resíduos Perigosos que a lei estipula".[135]

É difícil obter consenso para esta crítica. Justamente, o que se denomina de *adesão retórica* às normas é uma constante dos sistemas corruptos.[136]

---

[135] Ver Lei n. 24.051, arts. 2 e 4.

[136] GARZÓN VALDÉS, Ernesto. "Acerca del concepto de corrupción". *In:* CARBONELL, Miguel; VÁZQUEZ,

HÉCTOR A. MAIRAL

Mas há razões ainda menos louváveis para a sanção de normas exageradas: este exagero permite ao funcionário conceder isenções sem correr riscos pessoais. Considere-se, por exemplo, uma norma de segurança: se a exigência da norma é razoável, qualquer isenção pode resultar num acidente e, portanto, a responsabilidade pode recair sobre o funcionário que outorgou a dispensa. Ao contrário, se a regra é exagerada, isto é, se à margem razoável de segurança adicionamos uma margem de segurança desnecessária – mas legalmente obrigatória – a isenção de fato ou de direito que o funcionário outorgar e que não transpassar o mínimo realmente necessário, dificilmente causará um acidente que o obrigue a assumir algum tipo de responsabilidade.

Seja qual for a causa do excesso, é clara a situação de vulnerabilidade à que estão expostos aqueles que devem cumprir a norma inadequada. A aplicação de uma norma de tais características não pode ser geral, porque paralisaria toda a atividade no setor. Por isso, este é um dos casos mais importantes em que se observa um controle discriminatório. Como assinala o professor norte-americano Kenneth Culp Davis: "*As leis penais exageradas são uma das principais causas evitáveis de injustiça, porque essas leis inevitavelmente conduzem a um controle*

Rodolfo (coord.). *Poder, Derecho y Corrupción*. México: Siglo XXI, 2003, p. 28.

III - FATORES QUE AFETAM DIRETAMENTE...

seletivo e, muitas vezes a seleção dos casos a serem controlados é feita por razões irracionais".[137]

Também é vulnerável, frente ao Estado já que não o é ante os particulares, a posição de um funcionário equânime que deve aplicar uma norma exageradamente onerosa. Ou produz o fechamento ou a falência daqueles a quem deve controlar, ou se torna suspeito de conivência com os mesmos. É por isso que surgem estes processos que nunca são concluídos, aguardando que a prescrição extinga a possibilidade da aplicação de uma pena injusta ou que a inflação diminua o montante da mesma.

Seja então que o controle do Estado se realize de maneira uniforme para punir somente as infrações principais, seja que se o leve a cabo arbitrariamente, punindo alguns e outros não, sem parar para olhar para os seus respectivos níveis de violação, é claro que tais normas substituem o império objetivo da lei pelo império subjetivo do funcionário. A corrupção passa, então, a ser uma forma de conciliar as exigências da regulamentação demasiado ambiciosa, com as limitações impostas pela realidade.

---

[137] "Criminal statutes which overshoot are a prime cause of avoidable injustice, because such statutes inevitably result in selective enforcement, and cases are often selected for enforcement on irrational grounds". *Discretionary Justice:* a preliminary Inquiry. Illinois: University of Illinois Press, 1971, p. 91.

Como um exemplo do que acabamos de afirmar, lembremo-nos de que na província de Buenos Aires existia desde 1966 uma lei de zoneamento industrial, cujas regulamentações exigiam que qualquer nova instalação deveria utilizar um fator de ocupação de 25%.[138] Em outras palavras, quem devia construir dez mil metros quadrados de instalação industrial deveria dispor de um terreno de não menos de quarenta mil metros quadrados. Como no tempo em que esta norma foi promulgada, a exigência tornava inviável muitos investimentos, a autoridade competente, ao ser consultada, respondeu que a lei não se aplicava estritamente e sim de forma "razoável". A razoabilidade, é claro, estava a critério do funcionário do momento, pois não havia diretrizes legais ou regulamentação para reduzir o impacto da exigência.

Pareceria que aqueles que realizam atividades, que passam a ser reguladas por normativas que incorram em tais excessos de legislação, a impugnariam de imediato por serem irracionais, o que às vezes ocorre. No entanto, esse tipo de normas nem sempre encontra resistência por parte dos operadores já existentes, pois recebem delas um benefício indireto, mas não por isso menos importante, a saber: a barreira que se cria para a entrada de novos operadores no mercado. Isso porque muitas vezes a norma irrealista não se aplica,

---

[138] Lei n. 7.229/66.

III - FATORES QUE AFETAM DIRETAMENTE...

de fato ou de direito, aos operadores já instalados, pois poderia levar ao seu fechamento, com os consequentes problemas políticos das demissões, falência etc. Por outro lado, tais normas dissuadem aqueles que desejam entrar na atividade, porque a eles são mais facilmente aplicáveis, já que estes ainda não entabularam relações cuja destruição causaria os tipos de problemas descritos.

O remédio para esta prática requer a introdução em nosso Direito de um procedimento prévio à emissão de normas que o Direito Administrativo norte-americano conhece.[139] Em síntese, isso implicaria na obrigação, por parte da autoridade que vai exercer sua autoridade legal, de publicar sua intenção de criar o regulamento e apresentar uma descrição dos objetivos a serem atingidos.[140] Os interessados, assim notificados, podem enviar suas análises e comentários às autoridades, as quais, ao sancionarem a norma, devem levar em consideração as observações formuladas que forem atinentes e, caso não sejam seguidas as recomendações, explicar as razões pelas

---

[139] *Administrative Procedure Act*, hoje U.S.C. 5-553.

[140] Assim o estabelece, de forma não obrigatória, o Decreto n. 1.172/03. A respeito disso, consulte ALIANAK, Raquel C. "Sobre la participación pública en la elaboración de reglamentos y proyectos de ley. A propósito del Decreto n. 1.172/03, y su comparación con el régimen vigente en el sistema legal de Estados Unidos de Norteamérica". *El Derecho*, 2004: 504. No mesmo sentido cabe citar a publicidade das especificações de condições especiais que os arts. 9º e 18 do Decreto n. 1.023/01 dispõem.

quais não foram consideradas. Além da maior reflexão que este procedimento exige por parte da administração pública, favorece-se a revisão do controle judicial posterior em relação à razoabilidade da norma. Hernando de Soto propõe esta mesma solução, para a qual acrescenta a necessidade de a Administração realizar uma análise da relação custo-benefício dos prováveis efeitos sociais e econômicos das normas propostas, a fim de "ao se discutir a relevância dos projetos esta reflexão não seja puramente jurídica, mas leve também em consideração outros efeitos que possam recair inclusive em terceiros".[141]

No entanto, esta solução não é completa pela razão recém-apresentada sobre a possível preferência dos operadores já instalados por normas que, na prática, limitarão a entrada de concorrentes no setor. Por esta razão deve-se complementar este procedimento com uma doutrina adicional: a admissibilidade *da defesa do controle discriminatório*, que se descreve mais abaixo.

3.2 O EXCESSO NA OUTORGA DE FACULDADES DISCRICIONÁRIAS

A corrupção tem como objeto, comumente, aproveitar-se das faculdades discricionárias da

---

[141] DE SOTO, Hernando. *El Otro Sendero*. Buenos Aires: Sudamericana, 1987, p. 309.

III - FATORES QUE AFETAM DIRETAMENTE...

administração pública a favor do interesse privado, seja de um particular, seja do funcionário interveniente, ou de ambos. Por isso, quanto maior for a discricionariedade, maiores serão as oportunidades de corrupção. "(...) A discricionariedade é o campo mais fértil para a corrupção".[142] Monopólio mais discricionariedade menos transparência é a fórmula clássica de Klitgaard para medir o grau de corrupção em um sistema.[143]

Obviamente, certo grau de discricionariedade não é apenas inevitável senão também desejável toda vez que a norma não puder fixar rigidamente a conduta que o Estado deve seguir ante cada situação e o papel do administrador público normalmente requerer a escolha de alternativas. No acionar da administração pública, a existência de discricionariedade é aceita como um fenômeno necessário, a tal ponto que a doutrina do Direito dedicou-lhe incontáveis

---

[142] NIETO, Alejandro. *Corrupción en la España Democrática*. Barcelona: Ariel, 1997, p. 195. Da mesma forma, RODRÍGUEZ ESTÉVEZ, Juan M. *El derecho penal en la actividad económica*. Buenos Aires: Ábaco, 1998, p. 173, e VANNUCCI, Alberto. "La corrupción en los sistemas políticos democráticos. Algunas notas para un análisis comparado". *In:* CARBONELL, Miguel; VÁZQUEZ, Rodolfo (coord.). *Poder, Derecho y Corrupción*. México: Siglo XXI, 2003, p. 97.

[143] *Controlando la Corrupción*, citado por MORENO OCAMPO, Luis. "Una Propuesta de Acción". *In:* GRONDONA, Mariano. *La corrupción*. 3ª ed. Buenos Aires: Planeta, 1993, p. 124.

páginas em como limitá-la, mas nunca propondo a sua erradicação. Como diz Davis "(...) não se pode atingir os principais objetivos do governo moderno sem um poder discricionário significativo".[144]

Mas a constatação de sua inevitabilidade não elimina a necessidade de determinar quais são seus limites corretos: "O objetivo correto é eliminar todo o poder discricionário *desnecessário*", continua Davis[145], enquanto que outro autor observa que "o problema da Administração não esteve tanto e somente no uso da discricionariedade, como também na propensão de suas práticas de converter em discricionário o regulado e de escapar do Direito".[146] A partir daí é que se torna útil identificar as causas que conduzem à ampliação do âmbito de aplicação da discricionariedade do funcionário, além do estritamente necessário para o correto funcionamento dos órgãos do Estado, e estudar os remédios existentes para mitigar as consequências que o abuso no exercício da discricionariedade possa acarretar.

---

[144] DAVIS, Kenneth Culp. *Administrative Law Text*. 3ª ed. California: West Pub. Co., 1972, pp. 92/93.

[145] DAVIS, Kenneth Culp. *Administrative Law Text*. 3ª ed. California: West Pub. Co., 1972, p. 93.

[146] IBAÑEZ, Perfecto Andrés. "Tangentopoli tiene traducción al castellano". *In: Corrupción y el Estado de Derecho*: el papel de la jurisdicción. Madrid: Trotta S.A., 1996, p. 105.

III - FATORES QUE AFETAM DIRETAMENTE...

Dentre as diversas situações genéricas nas quais se pode abusar da discricionariedade, cabe mencionar a discricionariedade no controle e repressão de violações das normas, a concessão ou revogação das autorizações ou outros benefícios previstos pelas regras, o atraso na resolução das apresentações dos particulares e a desnecessária precariedade das licenças e autorizações.

3.2.1 A discricionariedade na seleção dos controlados

A imposição de obrigações que envolvem um alto custo de acatamento, juntamente com a falta generalizada de controle de cumprimento, cria um incentivo para a violação da lei e pune aqueles que a obedecem e que devem também suportar uma concorrência daqueles que não a cumprem. Ou seja, o prêmio ao pior. A situação se agrava quando o controle, além de limitado a uns poucos, é exercido de forma arbitrária: "Em última análise, 'mandar o inspetor' é algo mais do que uma expressão com feição quase teatral, tornando-se um dos poderes mais perigosos, que demanda um imprescindível controle jurídico para evitar-se o uso particular dos poderes públicos".[147]

---

[147] SABÁN GODOY, Alfonso. *El Marco Jurídico de la Corrupción*. Madrid: Cívitas, 1991, p. 44.

A arbitrariedade na seleção dos particulares sujeitos a um controle administrativo e, se for o caso, de punições, é um fenômeno que, infelizmente, ocorre com mais frequência do que se crê. A escolha de "vedetes penais" é uma prática observada por alguns autores[148], enquanto que outros destacam, como um fator de corrupção, "a opção sobre os setores a serem inspecionados".[149] Em nosso país, muitas vezes os indivíduos, cuja obediência às normas é claramente acima da média do setor, são investigados, o que demonstra a parcialidade com que se determina o universo a ser controlado e abre a porta para o uso dos mecanismos estatais de controle com fins de pressão ou perseguição política.[150] Assim, uma cadeia de supermercados, um dos principais contribuintes do país, cujos locais de vendas e depósito são modelos de higiene, está recebendo continuamente inspeções de higiene e outras de diversa índole que visam aplicar punições que propiciem seu fechamento. Punições estas que são sistematicamente anuladas pelos tribunais. Nos Estados Unidos (porque esta prática cruel

---

[148] Assim, Filippo Sgubbi, citado por RODRÍGUEZ ESTÉVEZ, Juan M. *El derecho penal en la actividad económica*. Buenos Aires: Ábaco, 1998, p. 102.

[149] SABÁN GODOY, Alfonso. *El Marco Jurídico de la Corrupción*. Madrid: Cívitas, 1991, p. 47.

[150] Ver, nesse sentido, CORTINA, Julio. "Negocios bajo la presión del Estado". *La Nación*, 7.05.06.

III - FATORES QUE AFETAM DIRETAMENTE...

certamente não se limita ao nosso país) é considerada uma violação da Primeira Emenda o fato de o Governo iniciar ações de retaliação, incluindo processos penais, contra aqueles que o criticam.[151]

O mecanismo técnico que permite esta disparidade de tratamento consiste em concentrar o expediente administrativo, assim como o judicial, no delito específico, sem uma visão, por parte do juiz, do comportamento geral do indivíduo em questão. A defesa de acatamento geral é particularmente importante em casos em que é elevado o número de condutas controladas presentes em um único indivíduo, pois se pode indevidamente punir infrações cujo número é alto em números absolutos, mas muito pequeno em termos relativos. Por isso, uma solução possível seria levar em consideração o grau geral de adesão às normas por parte do indivíduo a controlar, ou pelo menos graduar a sanção. Isto porque é interesse da sociedade, e deveria também ser de interesse do Estado, que aqueles que na maioria das vezes cumprem as normas a que estão sujeitos não sejam tratados com o mesmo critério com que o são aqueles que exibem um grau considerável de descumprimento das normas. Isto criaria um incentivo para respeitar a lei.

Outro remédio para esta forma de corrupção, poderia ser a admissibilidade de uma defesa baseada

---

[151] *Crawford-El v Britton*, 523 U. S. 574, nota 10.

na natureza discriminatória do controle. Ela permitiria ao acusado de uma infração administrativa demonstrar que, tendo em vista o alto custo de cumprimento da lei, o descumprimento é geral e tolerado pela administração, e neste caso ele seria isento de sanção e obrigaria à autoridade de aplicação a adequar a regulamentação às reais possibilidades do mercado e a controlar igualmente todos – ou, pelo menos uma alta porcentagem – dos atores do setor.[152]

Seguindo a mesma linha de pensamento, uma tarefa importante para os órgãos administrativos de combate à corrupção, seria a de comparar a situação daqueles que são punidos com a daqueles, dentro de um mesmo setor, que não o são. Com tal objetivo, seria exigido dos organismos públicos de investigação que mantivessem o controle das inspeções que realizassem e das punições que se aplicassem, já que é mais difícil justificar uma tendência do que um ato isolado. Aqueles que "supervisionam os supervisores" ficariam surpresos ao descobrirem que, com alguma

---

[152] *Cf.* Kenneth Culp Davis. (*Discretionary Justice*: a preliminary Inquiry. Illinois: University of Illinois Press, 1971, p. 164), embora reconhecendo que a jurisprudência reluta em aceitar essas defesas. Note-se que nos Estados Unidos, os promotores têm o poder da discricionariedade no início do processo penal, enquanto que na Argentina é obrigatório para o promotor o início do processo ante um pretenso crime. Daí que, em nosso país, a discricionariedade seja exercida numa fase anterior, já na seleção dos indivíduos a serem investigados.

III - FATORES QUE AFETAM DIRETAMENTE...

frequência, os mais controlados e punidos demonstram um nível de obediência superior aos que merecem menos atenção dos censores oficiais.[153] A corrupção pode explicar esta anomalia: os melhores cumpridores da lei são os mais relutantes em pagar propinas, enquanto os que menos cumprem são mais dados a essa modalidade. Não é de admirar, então, que os funcionários corruptos se coloquem contra os primeiros.

Não se pode enfatizar suficientemente a importância que tem para o juiz conhecer a realidade daqueles que são trazidos aos tribunais.[154] Enquanto a análise judicial se limitar a comparar o comportamento do transgressor com as normas do Direito, permanecerão em vigor padrões irrealistas e não existirão obstáculos

---

[153] Em fevereiro de 2005 ficamos sabendo pela imprensa que, enquanto Aerolíneas Argentinas e Iberia eram constantemente controladas para determinar se estavam envolvidas em tráfego de drogas, uma companhia de aviação menor, que transportou malas com drogas para a Europa, no mesmo período, recebeu uma única visita dos inspetores.

[154] Um caso em que a Suprema Corte responsabilizou o Estado por ação arbitrária da administração pública contra o ator, pois levou em consideração a totalidade da conduta do mesmo, foi o do CSJN, S.R.L. *Industria Maderera Lanin v Nación Argentina*, 1977, sentença, 298:223, bem resgatado dada sua importância por COVIELLO, Pedro. "Indústria Maderera Lanin: um desconhecido precedente da Suprema Corte, repetidamente citado em matéria de controle de razoabilidade dos atos dos poderes públicos", *El Derecho*, 2006-89.

para a prática corrupta de tolerar algumas violações e punir outras. Em vez de utilizar uma lanterna que ilumina apenas um pequeno segmento da realidade, é necessário *acender a luz*. Então se verá até que ponto as normas são, e podem ser, acatadas e se melhorará o comportamento geral de forma mais eficaz e – justiceiramente – já que o atual método de castigo em nosso país só mostra, aos olhos do espectador experiente, a falta de poder político do punido.

Mas esta tarefa de levantamento geral não pode ser apenas, nem principalmente, tarefa dos juízes. Este é o lugar ao qual organizações não governamentais, as universidades, os centros de pesquisas, devem dirigir sua atenção. O levantamento da nossa realidade é uma tarefa muito mais valiosa do que incentivar a promulgação de normas estrangeiras, por mais avançadas que estas sejam. É desejável que a tragédia ocorrida numa boate que enlutou a Cidade de Buenos Aires[155] provoque, como parece que já está acontecendo, a tomada de consciência da necessidade de manter um estrito controle sobre o cumprimento generalizado das leis.

Quando é inevitável uma escolha reduzida do universo a ser controlado, o remédio seria o estabelecimento de mecanismos imparciais para realizar esta seleção, tornando-a independente do critério da autoridade de aplicação. Estes poderiam

---

[155] Ver nota 136, *supra*.

III - FATORES QUE AFETAM DIRETAMENTE...

ser sorteios[156], ou a criação de painéis alheios à autoridade para se garantir que a seleção seja feita em bases objetivas e não com fins persecutórios.

Apesar de que um exagero na carga fiscal ou em outras medidas oficiais favoreça a corrupção, as empresas podem desenvolver-se neste ambiente quando o controle de aplicação é eficaz e generalizado. O que conspira contra a manutenção de padrões éticos na atividade privada é a política de discriminação nos controles ou, o que definitivamente conduz a resultados semelhantes, a imposição de encargos e restrições cujo cumprimento o Estado sabe que será apenas parcial e poderá controlar somente alguns casos. Não é só o rigor da norma que afeta o nível de corrupção, senão, fundamentalmente, a consciência de que esta será aplicada de forma discricionária.

3.2.2 A multiplicidade de licenças especiais

Em uma reunião no Chile, em que se analisavam possíveis medidas regulatórias, um consultor argentino propôs que, como medida de controle, fossem exigidas autorizações administrativas especiais para realizar certas atividades menos relevantes. A reação dos funcionários daquele país foi unânime: "No Chile aprendemos que as autorizações especiais

---

[156] *Cf.* RODRÍGUEZ ESTÉVEZ, Juan M. *El derecho penal en la actividad económica.* Buenos Aires: Ábaco, 1998, p. 102.

geram corrupção. Por isso, o correto é estabelecer de forma geral as condições que devem existir para realizarem-se determinadas tarefas e depois controlar aqueles que as implementam para ver se cumprem ou não essas condições".

Não parece que na Argentina existam escrúpulos similares, ao se julgar pelas numerosas normas que exigem autorizações especiais. Por isso, um dos métodos para se reduzir o nível de corrupção é eliminar – onde for possível – as exigências de licenças, alvarás, permissões e demais autorizações administrativas, substituindo-as por outras medidas de controle.

Menção especial deve ser dada aos casos em que o Estado outorga importantes benefícios (geralmente fiscais ou alfandegários) a quem se compromete com certos programas ou cumpre determinadas condições burocráticas e de alta complexidade. O controle posterior do cumprimento é, consequentemente, também burocrático e difícil. "Se tanto aos subornadores como aos subornados lhes favorece um sistema desonesto, a detecção será difícil e a eliminação do programa pode ser a única alternativa factível".[157] Não deve surpreender, então, que estes regimes se prestem

---

[157] ROSE-ACKERMAN, Susan. *Corruption and Government:* causes, consequences and reform. Cambridge Univ. Press, 1999/2005, p. 40, no qual lemos que se estimava que em um programa argentino de subsídios à exportação por portos do sul se perdia 25% dos subsídios devido à fraude.

III - FATORES QUE AFETAM DIRETAMENTE...

ao abuso e que a corrupção ajude a relaxar os controles. A experiência administrativa argentina em matéria de promoção industrial é rica em exemplos do que afirmamos.[158]

Também a partir deste ponto de vista é preferível a concorrência (onde for possível) em vez da regulamentação, já que assim se evita a necessidade de decisões administrativas discricionárias que podem ser manobradas pela corrupção. Similarmente, caso se deva controlar o ingresso em um setor industrial (por meio de licenças, autorizações ou medidas análogas), será mais transparente um sistema que disponibilize a concessão de licenças a todos que cumpram as condições estabelecidas pela lei ou sua regulamentação[159], do que outro que permita à autoridade conceder ou não, de acordo com sua visão discricionária do mercado ou do solicitante.

3.2.3 A demora em resolver

Frequentemente, as normas exigem que determinados atos jurídicos praticados pela iniciativa

---

[158] Ver os artigos "Misterio en San Luis" e "Un Régimen Cuestionado" publicados por *La Nación* em 3.05.98, no qual lemos que a província receberá entre 1992 e 2008, 4.824.000.000 pesos como resultado deste regime.

[159] Assim dispunha, corretamente, o Decreto n. 764/00 que estabeleceu o regime de telecomunicações.

privada não tenham valor jurídico até que sejam aprovados por um órgão administrativo. Isto acontece, por exemplo, nas compras de participações acionárias quando se exige a tramitação junto às autoridades de aplicação da Lei da Defesa da Concorrência[160] e, tratando-se de entidades financeiras, do Banco Central.[161] A excessiva demora que se observa na obtenção de tais aprovações nos dá uma noção da pouca importância atribuída por parte do Estado argentino às transações privadas. O ato de controle pareceria ser mais importante que a atividade controlada.

As próprias normas que o Banco Central estabeleceu demonstram a falta de cuidado com que são tratados os interesses privados. Elas dispõem que, tanto na eleição como na reeleição da direção em uma entidade financeira, estas estão sujeitas à aprovação do Banco Central, sem a qual os eleitos *ou reeleitos* não podem ser empossados.[162] Como a aprovação do Banco Central demora bastante tempo em ser concedida, atendo-se ao pé da letra da norma, resultaria que as entidades financeiras deveriam ficar acéfalas durante vários meses do ano até que seus

---

[160] Lei n. 25.156, arts. 6º e 8º.

[161] Ver as regulamentações do Banco Central CREFI-2, Capítulo V, ponto 1 – Comunicação "A" 2241 e modificações.

[162] CREFI-2 Capítulo I, ponto 5 – Comunicação "A" 3700; e CP 27263 do Banco Central.

III - FATORES QUE AFETAM DIRETAMENTE...

diretores estivessem legalmente habilitados para reassumirem seus cargos. Mais ainda, como as mencionadas demoras frequentemente excedem a um ano, uma aplicação literal das normas estabelecidas pelo Banco Central levaria a considerar que as entidades que ele regula estão normalmente acéfalas e que todas as atas de diretoria (cujos signatários ocupariam o cargo mesmo sem a devida aprovação) são inválidas. É obvio que o resultado é tão absurdo que nem mesmo o Banco Central leva a sério as normas que ele mesmo estabelece.

A resposta que o Direito argentino dá a estas situações é pobre e a burocracia a tem empobrecido ainda mais. A regra geral é que o silêncio ante a petição da iniciativa privada significa uma negativa, a menos que uma norma estabeleça que o silêncio signifique consentimento.[163] Esta possibilidade acontece em alguns poucos casos, tal como a citada aprovação por parte da autoridade de aplicação da Lei da Defesa da Concorrência que considera aprovada a transação se não existir uma negativa expressa dentro dos 45 dias após ser requerida. Mesmo assim, este prazo resulta inválido na prática ante o direito do órgão em suspendê-lo ao solicitar maior informação.[164]

---

[163] Lei de Procedimentos Administrativos (Decreto-lei n. 19.549/72), art. 10.

[164] Lei n. 25.156, arts. 13 e 14.

Aqui caberia uma primeira observação. A regra geral do silêncio administrativo interpretado como uma negação é correta quando se aplica a apresentações espontâneas dos particulares, caso contrário o Estado seria inundado de petições infundadas na esperança de que fossem aprovadas por decurso de prazo. Isto não é válido quando o pedido de aprovação é exigido pela própria lei: neste caso, o silêncio deveria considerar-se aprovação depois de um prazo razoável. Se o Estado submete os particulares ao incômodo, demora e custo de submeter sua transação ao visto de aprovação oficial, deveria colocar à disposição os meios para que o trâmite seja razoavelmente rápido. E se o Estado se omite em criar o órgão de controle, a solução não é paralisar a atividade privada até que isto aconteça (como pareceria pretender algumas sentenças), e sim não aplicar uma lei restritiva. Ao contrário, a demora da administração em cumprir o pedido do legislador repercute sobre os indivíduos que nada têm que ver com esta demora, nem a podem remediar, em vez de recair sobre os responsáveis políticos desta falta de cumprimento, esses sim que podem modificar estes prazos. Isto é o que acontece atualmente com o Tribunal da Defesa da Concorrência, cuja Lei n. 21.156 dispôs sobre sua criação há vários anos, o que não ocorreu até o momento, omissão que serviu de base para que um tribunal federal não castigasse os sucessivos funcionários do Poder Executivo responsáveis por tal

III - FATORES QUE AFETAM DIRETAMENTE...

omissão e sim os indivíduos que não se resignaram, durante este período, a abster-se de exercer seu direito constitucional de disporem de sua propriedade.[165]

Reconhecemos que, muitas vezes, a demora em resolver deve-se ao temor do funcionário de ser responsabilizado ou, no mínimo, de receber críticas de seus superiores, por aprovar um ato cuja verdadeira transcendência não deriva do devido processo ou cujos participantes não gozem, no momento, do beneplácito oficial. O atraso permite, então, que se exteriorizem os aspectos críticos do pedido e que se defina a constelação de forças políticas favoráveis ou contrárias. Assim, pode-se, depois, encaminhar a decisão com maior conhecimento de sua abrangência e de suas consequências.

Mesmo admitindo que, em determinados casos, esta prática permite frustrar manobras dolosas, ela impõe um custo excessivo à sociedade, sem conseguir evitar os abusos mais grosseiros. Todos os particulares podem ver suas atividades e negócios retardados para facilitar o controle público, mas – o caso é amplamente conhecido – um traficante de armas conseguiu, em tempo recorde, a nacionalidade e o passaporte argentino graças a um favor oficial.

---

[165] Assim, a sentença da CFed. Mendoza, 23/XII/04, *Belmonte y otro c. Estado Nacional.*

Se acelerar uma decisão correta não compromete o funcionário, tampouco o compromete retardá-la. O momento em que este exerce seu poder de decisão é em grande medida discricionário. Daí que é este um dos pontos em que está mais difundida a corrupção, mesmo que muitas vezes esta seja de pouca importância. Citando novamente Alejandro Nieto: *"Se a Administração cumprisse pontualmente suas obrigações, desapareceria a metade da corrupção.*[166]

Por isso, uma política de tolerância zero frente à corrupção não pode deixar de lado este aspecto.

Vários possíveis paliativos podem ser sugeridos para os casos em que o requisito de prévia aprovação seja exigido pela norma. Em primeiro lugar, devem ser revisados cuidadosamente os pressupostos em que se exige a expressa aprovação e eliminar as aprovações desnecessárias. Além disso, não se deveria impor nenhum requisito deste tipo sem um estudo prévio do volume de trabalho que este procedimento exigirá dos funcionários responsáveis: a ambição de controlar deve estar aliada à destinação de recursos. Também não se deveria punir quem implementa uma ação sem obter a autorização prévia requerida pela norma

---

[166] "La función pública y la corrupción". *In:* REIRIZ, María Graciela (coord.). *Derecho Administrativo y Aportes para el Rediseño Institucional de la República.* Revista Jurídica de Buenos Aires, Buenos Aires: LexisNexis/Abeledo-Perrot, 2004, p. 451.

III - FATORES QUE AFETAM DIRETAMENTE...

administrativa quando o órgão que deve concedê-la atrasa excessivamente todas as suas decisões: por acaso pode-se punir quem comprou o controle acionário de uma emissora de rádio sem a autorização que requer a lei[167], quando o COMFER (*Comité Federal de Radiodifusión*) não outorgou, nem recusou, nenhuma destas autorizações durante praticamente uma década?

A tolerância de nosso sistema jurídico frente à demora estatal é um fenômeno que compartilhamos com outros países: na Espanha se observou o "permanente descumprimento de tudo que é pactuado e inclusive o que é imposto pelas normas".[168] Por esta causa, os órgãos encarregados de combater a corrupção foram obrigados a revisar o atraso médio dos diversos organismos em conceder as autorizações que a iniciativa privada deve esperar, já que esta demora – especialmente quando existem casos excepcionais de rápidas decisões – é um sintoma de possível corrupção.

Quando se considera imprescindível algum tipo de intervenção prévia do Estado, a aprovação expressa poderia ser substituída, em alguns casos, por outras alternativas, a saber:

---

[167] Lei n. 22.285, art. 46, inc. *f*). (Texto modificado pelo art. 4º do Decreto n. 1.062/98).

[168] SABÁN GODOY, Alfonso. *El Marco Jurídico de la Corrupción*. Madrid: Cívitas, 1991, p. 25.

(i) A simples comunicação do ato pela parte privada interessada, através da qual o ato comunicado entre em vigor imediatamente ou depois de vencido um prazo fixo, sempre mantendo o direito do Estado de decidir posteriormente, e por motivos fundamentados, tornar sem valor para o futuro os efeitos do ato comunicado. Tal procedimento poderia ser aplicado para a nomeação de diretores de entidades financeiras cuja aprovação hoje, como já mencionamos, demora mais de um ano.

(ii) O silêncio durante um determinado prazo (se quisermos, sujeito a uma prorrogação, mas também de prazo determinado para evitar as práticas burocráticas que desvirtuem a norma), considerado como consentimento tácito.

Cabe propor, também, soluções parciais para amenizar o problema, tais como:

(i) A inversão do ônus da prova a partir de determinado atraso em se decidir. Ou seja, a partir de um prazo, que a norma fixaria de acordo com a complexidade da tramitação, a administração deveria alegar e provar as razões para a não concessão da autorização, não sendo suficiente para

III - FATORES QUE AFETAM DIRETAMENTE...

tal fim a alegação da falta de informação suficiente. Assim, no recurso em virtude da demora, o órgão administrativo interveniente não deveria explicar e provar as razões do atraso[169], mas sim as razões pelas quais não resolve positivamente o pedido do particular, de modo que o juiz poderá aprovar a solicitação se não lhe convencerem as razões e provas aportadas pela administração.

(ii) Uma atitude judicial inquisitiva face a uma negativa de aprovação, que permita, se assim solicitar o peticionário, uma análise comparativa das decisões da entidade. O particular, submetido ao abrangente critério discricionário do funcionário, e cético sobre a profundidade do controle judicial, é vítima fácil da corrupção. Ao contrário, a certeza de que a negativa da petição será escrutinada por um tribunal que aceitará avaliar os aspectos extrajurídicos da decisão para determinar

---

[169] Lei de Procedimentos Administrativos, art. 28. Ver HALPERIN, David Andrés. "La acción de amparo por mora de la Administración" e IVANEGA, Miriam Mabel. "Algunas cuestiones sobre el amparo por mora en el Derecho Procesal Administrativo". *In: Libro Homenaje al Profesor Jesús González Pérez*. tomo 2. Buenos Aires: Hammurabi, 2004, pp. 1647 e 1669.

sua razoabilidade, é o melhor antídoto para evitar atitudes incorretas. Da mesma forma, o saber que futuros peticionários poderão invocar, perante os tribunais, o precedente indevidamente tolerante dissuadirá o funcionário de favorecer a quem só apoia sua solicitação com oferecimentos impróprios.

(iii) Mecanismos de trâmite urgente com maiores taxas, a serem pagas pelos interessados, do que as aplicáveis nos trâmites normais, como é o caso do departamento de concessão de passaportes nos Estados Unidos. Desta maneira, diz-se, paga-se um preço ao Estado e não um suborno ao funcionário.[170]

Reitera-se, novamente, que todas estas soluções são propostas para os casos em que a norma exige a prévia intervenção estatal para tornar válido um ato privado, e não alcançam as solicitações espontâneas dos particulares.

Por outro lado, o organismo interveniente só deveria aplicar a lei cujo cumprimento lhe tivesse sido

---

[170] ROSE-ACKERMAN, Susan. *Corruption and Government:* causes, consequences and reform. Cambridge Univ. Press, 1999/2005, p. 46.

III - FATORES QUE AFETAM DIRETAMENTE...

solicitado. Atrasar uma aprovação ante a simples suspeita de que estejam violando outras leis obriga a se obter uma espécie de certificado de boa conduta geral para se realizar com sucesso qualquer trâmite. A responsabilidade do organismo interveniente deveria ficar assegurada com a comunicação de qualquer suspeita de violação de outras leis a suas respectivas autoridades de aplicação, sem que por isto se suspenda a aprovação do que lhe tenha sido solicitado.

3.2.4 A desnecessária precariedade de concessões e licenças

Uma grande fonte de discricionariedade reside no poder administrativo de revogar concessões e licenças de ocupação do espaço público, por motivos de oportunidade ou de interesse público. Similar situação de discricionariedade se apresenta no momento do vencimento de tais licenças. Cabe perguntar se não é possível limitar a discricionariedade administrativa nesse contexto.

Parecerá um erro jurídico falar da "precariedade" das concessões, já que o Direito Administrativo reconhece a diferença entre a concessão − contrato cuja rescisão por razões de oportunidade gera direito à indenização − e a licença, ato unilateral que outorga um direito de ocupação simplesmente precário e cuja extinção por tais motivos não é

147

indenizável.[171] Entretanto, na prática estas situações, teoricamente distinguíveis, se equiparam em boa parte.

Em primeiro lugar, existem normas que declaram – de forma geral – o caráter precário tanto das licenças como das concessões de ocupação dos espaços públicos.[172] Além do mais, é conhecida a preferência da administração por qualificar de licenças as que deveriam ser verdadeiras concessões.[173] Mas, ainda ante a presença de uma concessão não definida como precária por nenhuma norma, se o direito de indenização exigir a abertura de um processo, que bem pode demorar mais de dez anos, sem contar com subsequentes atrasos e dificuldades de cobrança, é fácil imaginar o poder que possuem os funcionários públicos do momento, diante dos concessionários do uso do espaço público.

É difícil propor regras gerais para estas situações. São conhecidos de todos os abusos que se produzem no uso privado dos espaços públicos diante da passividade e também da cumplicidade dolosa da

---

[171] Por todos, MARIENHOFF, Miguel S. *Tratado de Derecho administrativo*. 2ª ed. tomo 4. Buenos Aires: Abeledo-Perrot, pp. 421-425.

[172] Decreto-lei n. 9.533/80 da província de Buenos Aires, art. 28.

[173] Ver exemplos em GRECCO, Carlos M.; MUÑOZ, Guillermo A. *La Precariedad en los Permisos, Autorizaciones, Licencias y Concesiones*. Buenos Aires: Depalma, 1992, pp. 68 e 76.

III - FATORES QUE AFETAM DIRETAMENTE...

administração. Um sistema jurídico deveria ser capaz de distinguir entre estes abusos, por um lado e, por outro, o das instituições sem fins de lucro que ocupam prédios do estado continuamente há quase um século, apoiando aspectos da vida cultural e esportiva do país. Por isso, dever-se-ia perguntar se não caberia outorgar um caráter perpétuo − sujeito à condição da continuidade dos objetivos − à concessão de que usufrua toda instituição que ocupar um prédio por determinado prazo (trinta anos, por exemplo) de forma a impedir que sua concessão seja considerada como um favor indevido de um determinado governo. Pensemos que, nos poucos casos em que chegue a ser necessária a recuperação do imóvel, o Estado conta sempre com sua potestade expropriatória.

3.3 AS TRAVAS JURÍDICAS PERANTE O EXERCÍCIO ABUSIVO DAS FACULDADES DISCRICIONÁRIAS

Certos mecanismos jurídicos podem agir como trava ou correção perante o exercício abusivo das faculdades discricionárias. Consideraremos aqui alguns.

3.3.1 Os controles prévios

É bem conhecido o sistema de dupla leitura, como controle, para se outorgar exceções às normas urbanísticas e outros regimes gerais, que estabelece o inciso 6º do artigo 89 da Constituição da Cidade Autônoma de Buenos Aires. Outra precaução frequente é a intervenção prévia de um órgão de controle como o Tribunal de Contas, previsto em diversas Constituições provinciais, cuja observação suspende a implementação do ato.[174]

Entretanto, este tipo de controle nem sempre é efetivo na prática. Em primeiro lugar, a possibilidade de se editar decretos de insistência, ou mesmo de necessidade e urgência, permite ao Poder Executivo autorizar o descumprimento do requisito ou justificar *a posteriori* tal falta de cumprimento. Além disso, a mobilidade dos funcionários em cada renovação eleitoral conspira contra a independência do órgão de controle, quando a vontade do Poder Executivo apoia a decisão tomada sem a observância legal. Finalmente, a ausência de uma punição efetiva faz com que, na prática, se permita colocar em vigência tais decisões, retardando-se a implementação da punição até o

---

[174] A esse respeito ver SESÍN, Domingo. "Tribunal de Cuentas. Importancia y Alcance del Control Previo. Nuevas perspectivas". *In: Control de la Administración Pública*. Buenos Aires: Ediciones Rap, 2003, p. 289. No procedimento nacional se passou, em geral, a um sistema de controle posterior: BARRAZA, Javier Indalecio; SCHAFRIK, Fabiana Haydée. *El Control de la Administración Pública*. Buenos Aires: Abeledo-Perrot, 1995, pp. 97/98.

III - FATORES QUE AFETAM DIRETAMENTE...

momento em que aqueles que assim decidiram tenham perdido o poder político. A mesma proliferação dos controles conspira contra sua eficácia: *"Neste país de milhares de controles, em realidade não existe nenhum controle verdadeiro porque existem demasiados"*.[175] O que se observa na realidade italiana é também válido para o nosso país.

Por outro lado, a multiplicação dos controles prévios, para validar a emissão da decisão pública, unida à natural demora dos trâmites burocráticos, na maior parte das vezes conduz a um tipo de engessamento burocrático. Os funcionários encarregados do controle são avessos a darem sua aprovação por temor a ficarem salpicados por irregularidades que não consigam detectar, razão pela qual demoram seu encaminhamento ou evitam pronunciar-se. A consequência é que, com o argumento de se evitar essa paralisia, grande parte da atividade burocrático–administrativa se encaminha sem obediência às formalidades e, por isto, se torna passível de ser impugnada juridicamente. Muitas vezes são motivos políticos os que induzem

---

[175] MONTANELLI, Indro; CERVI, Mario. *L'Italia degli Anni di Fango*. Milán: Rizzoli, 1995, p. 308. No mesmo sentido, com referência à Itália e também à França, VANNUCCI, Alberto. "La corrupción en los sistemas políticos democráticos. Algunas notas para un análisis comparado". *In:* CARBONELL, Miguel; VÁZQUEZ, Rodolfo (coord.). *Poder, Derecho y Corrupción*. México: Siglo XXI, 2003, pp. 98/99.

a se escolher determinada decisão assim viciada para então poder anulá-la e também perseguir seus autores, ignorando-se inumeráveis outras decisões que são aceitas cotidianamente apesar de serem igualmente questionáveis do ponto de vista formal. A disjuntiva em que se coloca neste caso o funcionário correto é cruel: se cumpre todas as formalidades sua operacionalidade resultará significativamente demorada e será criticado por inoperância, ao contrário, se sacrifica algumas formalidades do processo, corre o risco – não importando quão honestamente tenha agido – de ser perseguido judicialmente, quando perder a proteção política. E, no final, assim se cria mais uma causa de insegurança jurídica para os particulares que devem respaldar seus direitos em atos burocráticos que frequentemente são passíveis de impugnação legal.

3.3.2 A participação dos cidadãos

Em alguns casos é possível delegar aos particulares o controle primário de atividades nas quais estejam diretamente interessados. Nesta alternativa se apoia o procedimento em relação ao regime de controle de águas em Mendoza[176], seguindo o

---

[176] ARLAND, RODOLFO, "Cómo controlar la corrupción en la prestación en un servicio público vital. El caso del Departamento General de Irrigación – Provincia de Mendoza – Argentina". *Revista Probidad*. Disponível em www.revistaprobidad.info/008/art01.html.

III - FATORES QUE AFETAM DIRETAMENTE...

antiquíssimo exemplo do Tribunal das Águas de Valência cujas origens se remontam ao Século XIII.[177] Cabe mencionar também o "Programa de Contratações Públicas Transparentes", através do qual o Poder Ciudadano supervisionou diversas contratações do Estado.[178] Estes mecanismos de participação privada deveriam se generalizar a todos aqueles casos em que existisse a conjunção – mais que a oposição – de interesses privados com os públicos.

Outro mecanismo de participação cidadã é a dos recursos administrativos, ou seja, os recursos apresentados por particulares questionando a administração responsável pelas decisões tomadas por ela mesma. O tema do processo administrativo constitui um dos capítulos do Direito Administrativo, razão pela qual não o trataremos aqui em detalhe. Basta mencionar que os princípios que o regem são favoráveis à participação dos particulares no controle da coisa pública: dessa forma, estes têm a possibilidade de questionar não só a legitimidade, mas também a conveniência e oportunidade das decisões administrativas, a faculdade de interpor estes recursos por aqueles que

---

[177] FAIRÉN GUILLÉN, Víctor. *El Tribunal de las Aguas de Valencia y su Proceso*, Valencia: Caja de Ahorros de Valencia, 1975, pp. 49-51.

[178] ARCIDIACONO, Pilar; ROSENBERG, Gastón; ARENOSO, Federico. *Contrataciones Públicas Vulnerables*. Buenos Aires: Fundación Poder Ciudadano, 2006, pp. 21-24.

invocam interesses que não chegam a constituir direitos subjetivos, a gratuidade do procedimento (que contrasta com a excessiva onerosidade do processo judicial), o informalismo a favor do administrado, o princípio da verdade material e a obrigação de decidir que pesa sobre a administração.[179]

Apesar dessas características, o sistema de recursos administrativos não é suficientemente efetivo na prática. Entre outras razões, isto se deve a que os serviços de assessoria jurídica que orientam a respeito da solução legal que se deve dar a tais recursos dependem, em geral, dos mesmos órgãos que tomaram a decisão da qual se recorre, com o qual se reduz a possibilidade de um exame independente e imparcial da questão. Um recente estudo mostra a "falta de independência dos serviços jurídicos devido a "pressões do setor político".[180] O sistema melhoraria notavelmente se estes serviços jurídicos passassem a depender da Procuradoria do Tesouro e os funcionários fossem inamovíveis, enquanto durasse a boa conduta dos mesmos.[181] Tal é o sistema, nos Estados

---

[179] Sobre este tema ampliar em GORDILLO, Agustín. *Tratado de Derecho Administrativo*. tomo 2: la defensa del usuario y del administrado. 8ª ed. Buenos Aires: FDA, 2006, cap. IX.

[180] ARCIDIACONO, Pilar; ROSENBERG, Gastón; ARENOSO, Federico. *Contrataciones Públicas Vulnerables*. Buenos Aires: Fundación Poder Ciudadano, 2006, p. 76.

[181] Assim já tinha proposto Julio Comadira. (*La Nación*, 9.01.05, sección Enfoques).

III - FATORES QUE AFETAM DIRETAMENTE...

Unidos, dos *juízes administrativos*, funcionários administrativos cuja missão é resolver ou recomendar as soluções aos recursos que os interessados apresentam junto à administração pública, os quais não dependem do órgão cujas decisões são revisadas a pedido dos particulares, e sim de outro órgão.[182] Assim se assegura que o recurso administrativo constitua – diferentemente do que hoje acontece entre nós na maioria dos casos – algo mais que um ritual sem conteúdo.[183]

3.3.3 A transparência das decisões públicas

Em uma república, os atos passados pelo ou perante o Estado, assim como os estudos e motivos com que estes são fundamentados, deveriam ser, em princípio públicos e, como tais, acessíveis a todos os particulares. Em muitos países existem leis que regem este aspecto.[184] Na Argentina houve um projeto de

---

[182] Administrative Procedure Act, sec. 11, hoje U.S.C. 5-3105, 7521, 5372, 3344 e 1305. A respeito disso, ver SCHWARTZ, Bernard, *Administrative Law*. 2ª ed. Boston: Little Brown & Co., 1984, pp. 303-309.

[183] Criticamos, por estéril, o sistema de recorrer via administrativa, em nosso *Control Judicial de la Administración Pública*. tomo I. Buenos Aires: Depalma, 1984, pp. 303-306 e 318-322.

[184] Nos Estados Unidos rege o *Freedom of Information Act* de 1966 (hoje parte dos Administrative Procedure Act, 5 U.S.C. 552); na França a Lei n. 78.753 de 17 de julho de 1978 modificada pelas Leis n. 79.587 de 11 de julho de 1979 e 2000-321 de 12 de abril de

lei aprovado pela Câmara de Deputados que outorgava a "toda pessoa o direito de solicitar, aceder e receber informação de qualquer órgão pertencente ao setor público nacional" mas não foi sancionado como lei. No entanto, um Decreto do Poder Executivo reconheceu um direito análogo.[185]

Esperemos, também, que o hábito de se sancionarem leis secretas se reduza aos excepcionais casos em que esteja em jogo a defesa nacional e que esta via não seja nunca mais utilizada para validar pagamentos clandestinos a altos funcionários públicos. Poder-se-ia, inclusive, questionar se tais leis são válidas a partir da vigência, em nosso país, da Convenção Interamericana contra a Corrupção, levando-se em consideração a maior hierarquia, reconhecida pelo inciso 22 do artigo 75 da Constituição Nacional, dos tratados frente às leis, incluindo a regra de dita Convenção, segundo a qual os Estados membros devem considerar "a aplicabilidade de medidas que criem, e entre outros, os sistemas para a declaração da remuneração dos funcionários públicos".[186] A partir

---

2000; na Itália a lei de 7 de agosto de 1990, n. 241 (arts. 22-25); na Espanha a Lei do Regime Jurídico das Administrações Públicas e do Procedimento Administrativo Comum 30/1992 de 26 de novembro (art. 37); na Grã Bretanha a *Freedom of Information Act* de 2000.

[185] Decreto n. 1.172/03, Anexo VII.

[186] Art. 3º, inciso 4º, da Convenção Interamericana contra a Corrupção. AGUSTÍN GORDILLO pediu a imediata

III - FATORES QUE AFETAM DIRETAMENTE...

da recente sanção da Lei n. 26.134, a questão ficou
definida, já que se deixou sem efeito o caráter secreto
ou reservado de toda lei sancionada com tal condição.
Resta saber se a proibição que a própria lei dispõe
sobre aprovação de leis de tal tipo será respeitada pelo
Congresso no futuro.

3.3.4 O aprofundamento do controle judicial

Estudos internacionais destacaram que a qualidade e independência do Poder Judiciário têm uma
influência significativa na redução dos níveis de corrupção.[187] Como o tema obviamente excede os alcances deste trabalho, cabe somente assinalar aqui um
aspecto específico: a mera possibilidade de que um
tribunal judicial aprofunde a análise da decisão administrativa, entrando inclusive em seus aspectos extra-

---

operacionalidade desta Convenção (*Supra*, nota 18). A justiça teve
a oportunidade de desqualificar o hábito de se ditar leis secretas:
JuzgFed. CA N. 8, 11/V/05, *Monner Sans, Ricardo c. Estado
Nacional*, com nota de RODRÍGUEZ PRADO, JULIETA,
"Leyes Secretas ¿Antagónicas con un Estado de Derecho?". *LL*,
2005-C, 696. Entretanto, tal decisão foi revogada pelo Superior
ao convalidar o caráter secreto outorgado à Lei "S" 18.302.
(CNFed. CA, Sala V, 14/VI/06, *Monner Sans, Ricardo c. Estado
Nacional*).

[187] LAMBSDORFF, Johann Graf. "Corruption in comparative
perception". *In: The institutional economics of corruption and reform*.
Cambridge University Press, 2007, *supra* nota 46, p. 85.

jurídicos ao violar esta os limites da atividade discricionária da administração[188], atuaria como importante freio à corrupção. Nos Estados Unidos a doutrina do *hard look* propicia justamente esse tipo de controle.[189]

A seguir mencionaremos alguns aspectos nos quais este aprofundamento assume particular relevância.

Em primeiro lugar, uma observação de índole processual. O uso de exposições orais em audiências fixadas pelo tribunal pode ser efetivo. A onipotência do funcionário fica restringida quando ele sabe de antemão que deverá defender sua decisão explicando-a diante de juízes que poderão comparar sua opinião com as dos peritos propostos pela parte privada.

Além disso, deve-se admitir o mandado de segurança como via processual idônea para as controvérsias de puro direito em que se questionam medidas oficiais. Crescentemente nossos tribunais, no que se

---

[188] Ampliar em GORDILLO, Agustín, *Tratado de Derecho Administrativo*. 8ª ed. tomo I. Buenos Aires: FDA, 2006, cap. X, § 15, pp. X-21-25; SESÍN, Domingo Juan. *Administración Pública, Actividad Reglada, Discrecional y Técnica:* Nuevos mecanismos de control judicial, Buenos Aires: Depalma, 1994, pp. 293-339.

[189] Ver BREYER, Stephen G.; STEWART, Richard B. *Administrative Law and Regulatory Policy*. 3ª ed. Boston: Little, Brown & Co., 1992, pp. 363/364. Tratamos o tema em nosso *Control Judicial de la Actividad Administrativa*. tomo II. Buenos Aires: Depalma, 1984, pp. 588/589.

III - FATORES QUE AFETAM DIRETAMENTE...

refere a contencioso-administrativo, fecham os olhos ante graves violações constitucionais e legais com o argumento de que a questão é complexa demais para a via sumária do mandado de segurança. Dessa maneira não validam a medida questionada, mas também não impedem sua aplicação imediata. Não assumem a responsabilidade de dar uma aparência regular a uma conduta pública irregular, mas deixam igualmente desarmado o particular que a questiona. Protegem sua reputação, mas não cumprem sua obrigação constitucional de fazer justiça. Porque obrigar um particular a cumprir uma medida ilegal dando-lhe como único remédio uma ação de danos e prejuízos com sentença a dez ou quinze anos, constitui – na prática – uma verdadeira negação de justiça. Por isso, o critério correto deve ser o oposto: se a questão é de puro direito o tribunal deve intervir rapidamente, seja para validar ou para invalidar a medida. A tendência judicial que criticamos, em grande parte produto das pressões oficiais, está levando nosso Direito Administrativo a uma espécie de esquizofrenia: uma coisa é o direito que se ensina na universidade – com a ênfase no Estado de Direito e as garantias constitucionais – e outra muito diferente é o direito que rege na prática onde prevalece a vontade soberana do funcionário.

Um aspecto sobre o qual deveria incidir especialmente o controle judicial é o *quantum* das punições administrativas. A prática profissional evidencia casos de severíssimas punições que não são nada menos do que o castigo por se rechaçar um pedido de suborno, *"pour (dé) courager les autres"*. Este tipo de práticas se veria restringido se os particulares soubessem que encontrariam um tribunal disposto a escutar argumentações de razoabilidade. (Por exemplo, comparando o peso da punição com os que se aplicam nos países dos quais importamos as normas em questão). Nossa jurisprudência segue um critério muito restritivo sobre o ponto que nos diz que "a escala das punições pertence, em princípio, ao âmbito das funções discricionárias da autoridade administrativa (…) e só são revisáveis pela justiça nas suposições de arbitrariedade ou ilegalidade manifestas".[190] Entretanto, existem casos em que se aceitou reduzir as penas aplicadas pela administração.[191]

Outro aspecto, às vezes vinculado com o anterior, é o concernente ao vício de desvio de poder. As autoridades argentinas consideram que têm à sua disposição um completo arsenal de penas que lhes oferece o arcabouço jurídico para castigar qualquer

---

[190] CNFed. CA, Sala I, *Lufthansa Líneas Aéreas Alemanas c/ Dirección Nacional de Migraciones*, *LL*, 1998-B, 536. Ampliar em MALJAR, Daniel E. *El Derecho Administrativo Sancionador*. Buenos Aires: Ad-Hoc, 2004, cap. VII, apesar de que o autor deva limitar-se, em grande medida, a citar decisões dos tribunais espanhóis em prol da revisão ante a escassez de precedentes nacionais.

[191] Ver sentença citada em nota 92 *supra*, e a decisão da CNFed. CA, Sala III, *Banco Internacional S.A.*, *El Derecho*, 112-576.

III - FATORES QUE AFETAM DIRETAMENTE...

desvio das políticas oficiais por parte do setor privado, mesmo que tal desvio seja perfeitamente legal. Novamente observamos uma séria violação da ordem jurídica por parte do próprio Estado. As penas que cada lei impõe só devem ser aplicadas em prol dos objetivos que a lei busca. Isto está expressamente exposto no artigo 7º inciso *f* da Lei de Procedimentos Administrativos, norma que parece ter caído em desuso. Do contrário, não se compreende como os funcionários públicos podem ameaçar com aplicar a Lei de Defesa da Concorrência a aqueles que, apesar de não exercerem uma posição dominante, não se ajustam às políticas oficiais em matéria de preços, sem que apareça nenhum comentário ou reação jurídica adversa. Cabanellas assinala que a Comissão das Comunidades Europeias tem sido muito prudente na aplicação da legislação de defesa da concorrência em matéria de preços já que, nas palavras de um Relatório da mesma Comissão, "as medidas para prevenir o abuso de posições dominantes não podem ser transformadas numa supervisão automática dos preços".[192]

3.3.5 As certificações privadas

Existem organizações privadas que, após analisarem as práticas e procedimentos seguidos por

---

[192] *Derecho antimonopólico y defensa de la competencia.* tomo 2. Buenos Aires: Heliasta, 2005, p. 222.

uma determinada empresa, outorgam-lhe um certificado de ter atingido certo "standard" de excelência.[193] Este serviço também se presta com respeito às entidades públicas.[194]

A prática deveria expandir-se e cobrir especialmente os aspectos relacionados com o atendimento dado aos administrados. Poderiam ser postos em evidência assim as demoras exageradas em resolver e o tratamento arbitrário que favorece alguns e pune outros. A mera possibilidade deste tipo de controle agiria como dissuasivo de condutas negligentes ou fraudulentas como as que se observam em alguns organismos.[195]

COMENTÁRIOS À EDIÇÃO BRASILEIRA

Entende Mairal que, além da insegurança jurídica que age como "campo fértil" para a corrupção,

---

[193] Tal é o caso das normas ISO 9001.

[194] Na Argentina diversos organismos públicos, como o Banco Central e o *Instituto Nacional de Servicios Sociales para Jubilados y Pensionados*, contam com essa certificação para alguns aspectos de sua operatória.

[195] Um organismo público argentino, ante o qual devem tramitar importantes questões privadas, recebeu recentemente, em uma pesquisa internacional, a qualificação mais baixa de todas (inferior inclusive à do organismo análogo da Nigéria).

III - FATORES QUE AFETAM DIRETAMENTE...

outros fatores há que são as normas irreais e o excesso em se outorgar faculdades discricionárias.

As normas irreais ou ambiciosas demais (item 3.1), cujo cumprimento é praticamente impossível, muito difícil ou muito caro, são consideradas por Hernando de Soto (como citado por Mairal), como uma das principais causas de corrupção, já que o suborno é o custo que o empresário paga para evitar penalidades e assim pode permanecer em atividade.

Entre nós, podemos dizer o mesmo, sendo aplicáveis às situações que se encontram no Brasil, já referidas no livro citado por Mairal, "The jeito: Brazil's Institucional Bypass of the formal Legal System", de Rosenn Keith S.

Mairal menciona, como exemplo moderno de irrealidade ou injustiça das regras editadas pelo Estado, a perda de 13 zeros pela moeda argentina, na segunda metade do século XX; não conseguindo o Estado criar uma moeda estável, tenta esse mesmo Estado punir seus cidadãos que busquem refúgio em outra moeda. Situação semelhante ocorre no Brasil, onde, nos últimos 50 anos, desde 1964, ocorreram sete mudanças de moedas, com o corte de 15 zeros. E as sanções, administrativa, tributária e penal eram e são impostas de forma rígida embora não consigam alcançar todos os descumpridores das normas, em virtude do número de envolvidos, o que por si só deveria despertar as autoridades para a a conveniência política, administrativa e judicial de resolver uma situação criada pela própria incompetência política e legislativa. Somente nos últimos anos, foram os cidadãos brasileiros autorizados a comprar moeda estrangeira, para remessa ao exterior.

Levanta Mairal a questão da coexistência de um excesso de normas com a desobediência a essas normas, exemplificando com um incêndio ocorrido em uma boate em Buenos Aires, onde morreram 194 jovens, após o qual as autoridades buscaram exigir o cumprimento de normas que existiam e a criar novas normas. Não se pode deixar de verificar, mais uma vez, o paralelismo dos fatos e do comportamento das autoridades, na Argentina e no Brasil, quando se recorda o incêndio ocorrido em janeiro de 2013, em uma boate em Santa Maria, Rio Grande do Sul, onde morreram 242 jovens universitários e ficaram feridos mais de 600. A apuração das responsabilidades e a respectiva responsabilização ainda continua: foram indiciados criminalmente 28 pessoas, das quais 9 por improbidade administrativa, inclusive Prefeito Municipal e Secretário de Meio Ambiente, por não terem exigido o cumprimento das normas e regulamentos aplicáveis, bombeiros por falsidade ideológica e conduta etc. Concluiu o delegado titular do inquérito que o fator fundamental para a tragédia foi o fato da casa noturna estar irregular. *"O fator mais*

III - FATORES QUE AFETAM DIRETAMENTE...

determinante é que tínhamos uma casa funcionando em total irregularidade, extintores que não estavam no lugar certo, além de que havia superlotação". Normas demais, execução e fiscalização de menos. A partir daí, em todo o Brasil, iniciaram-se procedimentos visando a fiscalizar a obediência de locais públicos às normas emanadas e, na maior da vezes, na própria adequação das normas que deveriam ser aplicadas. Será tal esforço bem sucedido? Ou é apenas um espasmo emocional? Só o tempo o dirá.

O excesso na concessão de faculdades discricionárias (item 3.2) está amplamente presente na prática administrativa brasileira. Leis ou normas administrativas que fornecem grande margem de liberdade ao agente público, para que este administre seus dispositivos. Porém, o agente público se acoberta nessa discricionariedade para cometer as maiores violações ao sistema jurídico.

A discricionariedade na seleção dos controlados (item 3.2.1) proporciona, no Brasil, um campo fértil para a corrupção. Vários são os exemplos. Focando na Lei n. 8.666/93, que trata de licitações e que tenta cortar o quanto pode o discricionarismo nas escolhas do contrato, uma vez que, além do princípio da legalidade e o da vinculação ao edital, entende-se, na doutrina maciça, que o procedimento administrativo é composto por atos vinculados. Porém, a escolha do contratado com dispensa de licitação é totalmente discricionário.

HÉCTOR A. MAIRAL

Há um tipo de licitação, no Brasil, que leva, inexoravelmente, ao dirigismo na escolha no mercado, sobre o qual nos referiremos em outro comentário. A licitação de melhor técnica ou de técnica ou preço, previsto no art. 46, *caput*, da Lei atual de Licitações, prevê um escalonamento de notas, de cima para baixo, cuja sistemática e aplicação leva a que vença quem quer a Administração. Daí nasceram, durante a vigência desse diploma, enormes escândalos sobre licitações dirigidas, Por isso, a nova Lei n. 8.666/93, no seu artigo 46, somente admitiu estes tipos de licitações para serviços de natureza predominantemente intelectual.

Outra prática absurda, criminosa, por sinal, que a legislação licitatória admite é a figura que se costumou chamar de "carona", sobre a qual pormenorizaremos mais tarde, onde nitidamente o dirigismo nas licitações se encontra palpável.

A multiplicidade de licenças especiais (item 3.2.2) acaba, mais uma vez gerando corrupção. A situação varia de acordo com os países; parece, contudo, que melhor seria o estabelecimento das normas e a fiscalização posterior estrita do respectivo cumprimento. A obtenção *a priori* incentiva a corrupção, pois o retardo na obtenção de licenças gera custos adicionais inadmissíveis em uma economia moderna.

Quanto maior o nível de exigências de licenças e autorizações, maior a corrupção. Mas torna-se

III - FATORES QUE AFETAM DIRETAMENTE...

muito difícil detectá-la, eis que o subornador se acautela muito e o subornado jamais se revela como tal.

A demora em resolver (item 3.2.3). Mairal denuncia a exigência de que quando as normas exigem atos jurídicos realizáveis pelos particulares, estes não tenham valor até que sejam aprovados por determinados órgãos públicos. Releva salientar sua excelente observação:

> A regra geral do silêncio administrativo interpretado como uma negação é correta quando se aplica a apresentações espontâneas dos particulares, caso contrário o Estado seria inundado de petições infundadas na esperança de que fossem aprovadas por decurso de prazo. Isto não é válido quando o pedido é exigido pela própria lei. Neste caso, o silêncio deveria considerar-se aprovação depois de um prazo razoável.

A verdade incontestável, como citadas por Mairal, encontra-se nas palavras de Alejandro Nieto: *"Se a Administração cumprisse pontualmente suas obrigações, desapareceria metade da corrupção"*.

No Brasil, o costume é aguardar sempre a manifestação do Poder Público, ainda que irrazoável e longa a espera.

A jurisprudência do Supremo Tribunal Federal autorizou um famoso arquiteto dos dias antigos da capital de São Paulo, que pedira licença para construir e que, não obstante tudo estivesse de acordo com a legislação urbanística da época, a municipalidade atrasara mais de um ano para apreciar o seu pedido. Diante disso, ingressara em juízo para que este autorizasse a construção sem a posse da licença. A causa foi decidida no sentido de que, diante do desleixo quanto ao tempo, o particular poderia dar início e concluir a construção, apesar e pelo fato da morosidade da Prefeitura.

Temos a Lei n. 9.785/99 (ao nosso ver, absolutamente inconstitucional por ofender o uso legítimo do direito de propriedade, garantido pela Constituição Federal) que acresceu um § 1º, absurdo, ao art. 16 da Lei Geral sobre Parcelamento do Solo Urbano (Lei n. 6.766, de 1979): "*§ 1º: "Transcorridos os prazos* sem a manifestação do Poder Público, o projeto será considerado rejeitado*, assegurada a indenização por eventuais danos derivados da omissão"*.

Ora, se o prazo para o licenciamento do loteamento foi fixado por lei municipal, e a autoridade pública não se manifesta sobre o projeto, este nunca poderá ser considerado rejeitado e suas obras recusadas, pois, por culpa exclusiva da Administração, o particular não pode levar avante o seu empreendimento. Isto viola o direito de propriedade e premia o faltoso que pode alegar, no caso, a sua própria torpeza e ainda

III - FATORES QUE AFETAM DIRETAMENTE...

impede ao particular de dar seguimento a uma atividade legítima.

Já tive oportunidade de escrever:

> Diz a lei que a norma municipal definirá o prazo em que um projeto de loteamento deve ser aprovado ou rejeitado. Pode um projeto, portanto, não ser aprovado. Como porém, a lei define expressamente o ato de aprovação do parcelamento do solo como "ato administrativo de licença", tal rejeição só pode ocorrer por não cumprimento, pelo interessado, das determinações legais pertinentes, nunca por motivos de conveniência e oportunidade. É que o ato de aprovação é ato vinculado, não ficando a critério do Poder Público a sua outorga, posto que "assiste ao interessado o direito à licença, em preenchidas as determinações legais".[196]

Quanto ao silêncio da Administração, que ocorre quando ela recebe um pedido de licença de aprovação de um projeto de construção ou de parcelamento do solo, omite-se no seu exame e silencia quanto ao seu deferimento ou não, Hely Lopes

---

[196] MUKAI, Toshio; CAFFÉ ALVES, Alaor; LOMAR, Paulo J. *Loteamentos e Desmembramentos Urbanos*. São Paulo: Sugestões Literárias, p. 74.

Meirelles entende que se trata *"de um abuso da Prefeitura* a protelação da aprovação do projeto ou do plano, caracterizador de omissão lesiva ao direito de construir ou de lotear"[197], e, por isso, *"*transcorrido o período legal de aprovação sem manifestação contrária da Prefeitura, fica o interessado autorizado a iniciar a construção*, sob a ressalva de demolir o que for feito se o projeto vier a ser indeferido ou aprovado com alterações"*, no qual o autor adianta ter decidido o STF "que licença não despachada no prazo legal é considerada concedida".

Com tudo isso, porém, uma coisa nos parece certa: o dispositivo legal, ao dizer que o silêncio da Administração quanto ao deferimento ou não da licença para lotear resulta na rejeição do projeto, é absolutamente inconstitucional, por ofender o direito constitucional à propriedade.

Como estamos a tratar de instrumentos legais de corrupção, lembremos que a norma ora criticada é um fecundo instrumento de corrupção, eis que, embora o projeto esteja preenchendo todas as exigências legais para sua aprovação, o agente público municipal pode exigir uma "propina" do proprietário para não deixar que o prazo fatal seja alcançado.

A desnecessária precariedade de concessões e licenças (item 3.2.4). No Brasil, as concessões administrativas

---

[197] *Direito de Construir.* São Paulo: Malheiros, p. 177.

III - FATORES QUE AFETAM DIRETAMENTE...

ou de direito real de uso são sensivelmente seguras quanto às suas não rescisões. Somente em questões de interesse público, mas ainda assim, com todas as indenizações devidas, poderiam tais concessões serem retiradas do concessionário. Quanto às permissões e autorizações, como se tratam de atos unilaterais, precários e revogáveis, segundo a doutrina, parece-nos difícil livrarmo-nos da insegurança jurídica, a não ser quanto às permissões, que poderiam ser, por leis, consideradas contratuais, como é o caso das permissões de serviços públicos contratuais, pela Lei Geral das Concessões e Permissões de Serviços Públicos (Lei n. 8.987/95).

Os controles prévios (item 3.3.1) também existem no Brasil, através dos controles internos (nem sempre existentes em alguns órgãos), do Tribunal de Contas da União, dos Tribunais de Contas Estaduais (que julgam também as contas municipais, exceção feita à capital de São Paulo e à capital do Rio de Janeiro que possuem Tribunais de Contas Municipais).

Há, ainda, as Promotorias Públicas estaduais que atuam em muitos casos de corrupção, fazendo incidir aos agentes públicos a Lei n. 8.429/92, denominada Lei da Improbidade Administrativa. Existe ainda a Polícia Federal, eficientíssimo órgão de repressão, identificação e soluções de deslizes funcionais cometidos ao nível da Administração Pública.

Ainda assim, os casos de corrupção parecem estourar a cada instante. E tudo porque temos um número excessivo de órgãos e entidades públicas, de nível federal, estadual, do Distrito Federal e dos Municípios, sendo quase impossível travar a maioria dos deslizes de corrupção.

A participação dos cidadãos (item 3.3.2) ocorre no Brasil, através de uma Lei revolucionária (Lei Federal n. 10.257, de 10 de julho de 2001), denominada "Estatuto da Cidade", que no seu capítulo IV, trata da Gestão Democrática da Cidade.

O § 4º do art. 40 do Estatuto obriga os Poderes Públicos municipais a garantir, no processo de elaboração e na fiscalização da implementação do plano diretor, a promoção de audiência públicas e debates com a participação da população e de associações representativas de vários segmentos da comunidade; a publicidade quanto aos documentos e informações produzidas; o acesso de qualquer interessado a estes.

Tal dispositivo é constitucional, na medida em que cada uma dessas obrigações referidas encontra respaldo no próprio texto constitucional: as audiências públicas e a participação da comunidade na formulação e na fiscalização da execução do plano encontram fulcro no princípio da democracia participativa (art. 1º e parágrafo único da CF) e no art. 29, XII, da

III - FATORES QUE AFETAM DIRETAMENTE...

Constituição; a publicidade, no *caput* do art. 37 da CF e o acesso aos documentos e informações no art. 5º, XXXIII e XXXIV, *b*.

Segundo essa Lei (art. 43), para garantir a gestão democrática da cidade, deverão ser utilizados, entre outros, instrumentos tais como órgãos colegiados de política urbana, nos níveis nacional, estadual e municipal; debates, audiências e consultas públicas; conferências sobre assuntos de interesse urbano, nos níveis nacional, estadual e municipal; e a iniciativa popular de projeto de lei e de planos, programas e projetos de desenvolvimento urbano.

Obriga ainda essa Lei (art. 450) que os organismos gestores das regiões metropolitanas e aglomerações urbanas deverão incluir obrigatória e significativa participação da população e de associações representativas dos vários segmentos da comunidade, de modo a garantir o controle direto de suas atividades e o pleno exercício da cidadania.

Contudo, as populações citadinas no Brasil, após a ditadura militar, parece que ficaram inertes quanto a essa participação, ao mesmo tempo em que os Poderes Municipais não têm nenhuma iniciativa nesse sentido.

A transparência das decisões públicas (item 3.3.3), segundo Mairal, está definida, na Argentina, já que não mais existe o caráter secreto ou reservado de toda lei sancionada com tal condição. A ver, contudo.

No Brasil, a possibilidade de termos a transparência nas decisões públicas está contemplada no próprio texto constitucional, através do que se denominou de "direitos de petição", que é um dos direitos e garantias individuais do cidadão, previsto no art. 5º da Constituição Federal.

Com efeito, o inciso XXXIII do artigo 5º dispõe:

> todos tem direito a receber dos órgãos públicos informações de seu interesse particular, ou de interesse coletivo ou geral, que serão prestadas no prazo da lei, sob pena de responsabilidade, ressalvadas aquelas cujo sigilo seja imprescindível à segurança da sociedade e do Estado .

Adicionando o inciso XXXIV que a todos será assegurado o direito de petição aos Poderes Públicos em defesa de direitos ou contra ilegalidade ou abuso de poder e a obtenção de certidões em repartições públicas, para defesa de direitos e esclarecimento de situações de interesse pessoal. Presume-se, assim, assegurada a transparência das decisões públicas.

O aprofundamento do controle judicial (item 3.3.4) apresenta-se como um elemento fundamental deletério de atividades de corrupção.

III - FATORES QUE AFETAM DIRETAMENTE...

A doutrina e a jurisprudência brasileiras são unânimes, hoje, em admitir que os atos administrativos discricionários devam ser examinados na sua plenitude pelo Poder Judiciário, para verificar se o ato não transborda para a arbitrariedade. Hoje o limite de tal exame está num único ponto: não pode o Judiciário substituir os critérios de oportunidade e conveniência manifestados, dentro do âmbito de sua discrição, pelo Executivo, pelos seus critérios de juiz, sob pena de o Judiciário estar administrando no lugar da Administração.

As certificações privadas (item 3.3.5) das entidades públicas, no entender de Mairal, como ocorre na iniciativa privada, poderiam representar um enorme avanço no combate à corrupção.

Nada temos, no Brasil, que funcione como tal. Temos, contudo, cadastros das empresas que executaram mal, ou não executaram os contratos; cadastro de empresas declaradas suspensas de licitar e contratar com a Administração e/ou declaradas inidôneas para tal.

IV
os defeitos da contratação pública

A contratação pública é um setor da atividade administrativa tradicionalmente sob suspeitas. A anedota a respeito disso é universal: "Senhor prefeito – diz um personagem de um romance espanhol recente – vendo-lhe um lote de dez mil lâmpadas ao preço de quatorze mil lâmpadas. Uma pechincha".[198]

No presente capítulo apontaremos alguns defeitos da contratação pública que conspiram contra a transparência dos procedimentos, assim como contra

---

[198] MENDOZA, Eduardo. *La aventura del tocador de señoras*, Barcelona: Seix Barral, 2001. Exemplos reais da história dos Estados Unidos podem ser vistos em NOONAN Jr., John T. *Bribes*. New York: MacMillan Publishing Company, 1984, pp. 453, 561, 577 e 602.

a eficiência das compras estatais. Precisamente, a adoção de sistemas para a aquisição de bens e serviços por parte do estado "que assegurem a publicidade, equidade e eficiência de tais sistemas" é um dos tipos de medidas preventivas da Convenção Interamericana contra a corrupção.[199]

Devido ao enorme poder de compra do Estado, melhorar a eficiência e a correção na compra de bens e serviços deve necessariamente ter um efeito benéfico para a economia nacional, ao premiar os setores eficientes e cumpridores das regras aplicáveis. Pelo contrário, tolerar práticas, como as que descrevemos no presente trabalho, desemboca no paradoxo de se "premiar" o pior. Mas o efeito cívico que um sistema de contratações transparente teria sobre a classe política seria ainda mais importante que as consequências econômicas.

4.1 QUEM DECIDE E QUEM DEVERIA DECIDIR

A primeira pergunta que nos cabe formular é por que atribuir o manuseio e implementação das contratações a funcionários políticos, que, como regra geral, não são especialistas em administração de empresas ou em tarefas afins. Pelo contrário, dever-se-ia

---

[199] Assim em seu art. 3º, inc. 5º.

IV - OS DEFEITOS DA CONTRATAÇÃO PÚBLICA

separá-los destes temas e confiá-los a funcionários de carreira, idealmente um corpo especializado dependente da Secretaria da Fazenda. Com isto se obteriam vários benefícios. Em primeiro lugar, facilitar-se-ia o controle ao se dissociar a implementação do gasto dos cargos políticos.

Hoje em dia, ninguém questiona as grandes contratações que os altos funcionários do Estado realizam porque isto significa criticar o poder político do momento. Uma crítica oportuna teria alguma possibilidade de frear possíveis irregularidades, mas em nosso país costuma-se fazer a crítica *a posteriori*, e somente quando quem decidiu a contratação já não tem mais poder político: aqui não existe controle, senão revanche.[200]

Como bem disse Natalio Botana, *"os escândalos da corrupção se transformam em arma política para desacreditar administrações anteriores"*.[201] Ao contrário, se quem decide a contratação carece, por definição, de poder político, a crítica pode ser oportuna e não tardia. Em segundo lugar, a dissociação reduziria o

---

[200] GRONDONA, Mariano. *La corrupción*. 3ª ed. Buenos Aires: Planeta, 1993, p. 61. Uma carta da *Asociación Civil Pro Vicente López* (*La Nación*, 16.08.04) menciona como os fiscais provinciais "são temerosos ao indagarem pessoas com poder político".

[201] BOTANA, Natalio. *Poder y Hegemonía:* el régimen político después de la crisis. Buenos Aires: Emecé, 2006, p. 143.

gasto público já que eliminaria, ou dificultaria, aquelas contratações cujo principal propósito seria o de arrecadar fundos para o funcionário que tem o poder de decisão ou para seu partido político. Além do mais, a dissociação contribuiria para depurar os partidos políticos, já que o acesso aos cargos eletivos ou políticos não asseguraria o manuseio de recursos públicos, com o qual se dissuadiria àqueles que só ingressassem na política para fazerem fortuna. E, finalmente, facilitar-se-ia o controle ao tornar transparente a responsabilidade dos funcionários de carreira ao decidirem as contratações, em lugar de lhes permitir ocultarem-se atrás dos funcionários políticos quando estes são honestos e, como ocorre frequentemente, só intervêm formalmente no procedimento de contratação que já vem decidido pelos funcionários de carreira. Como disse Nieto: *"Na maior parte dos procedimentos, as autoridades políticas se limitam a aprovar e firmar as propostas que os funcionários lhes apresentam".*[202] A dissociação entre a capacidade real de decisão e a responsabilidade jurídico-política fomenta a corrupção ao facilitar seu ocultamento.

Logicamente que muitas decisões permanecerão, na verdade as mais importantes, nas mãos dos legisladores e dos funcionários políticos: as políticas a

---

[202] "La función pública y la corrupción". *In:* REIRIZ, María Graciela (coord.). *Derecho Administrativo y Aportes para el Rediseño Institucional de la República.* Revista Jurídica de Buenos Aires, Buenos Aires: LexisNexis/Abeledo-Perrot, 2004, p. 134.

IV - OS DEFEITOS DA CONTRATAÇÃO PÚBLICA

serem seguidas, as obras públicas a serem realizadas, inclusive as normas gerais de concessão dos contratos (Por exemplo, preferências ou não para cooperativas, PyMES ou empresas de capital nacional). Mas a escolha do contratante e a implementação do gasto, com as suas naturais tentações, ficariam fora de seu alcance.

Esta dissociação seria muito bem recebida pelos funcionários políticos honestos, aqueles que têm uma verdadeira vocação de serviço e a quem hoje cabe a responsabilidade de aplicar os recursos. Pergunte a um reitor da universidade se ele não preferiria dedicar-se aos aspectos realmente acadêmicos em lugar de gastar seu tempo adjudicando contratos de fornecimentos cuja legitimidade poderia ser facilmente questionada por motivos formais.[203]

Nos anos de 2000 e 2001, editaram-se normas para assegurar a transparência nas contratações públicas.[204]

---

[203] Na Faculdade de Medicina, 95% das contratações se realizam sem licitação pública, por meio de contratações diretas. No âmbito da administração nacional, o percentual de contratações diretas está ao redor de 50%. (GARCÍA SANZ, Agustin A. M. "Contratos administrativos, lenguaje y realidad". *La Ley*, 2004-C, 1535.) Entretanto, a Suprema Corte foi severa ao rejeitar demandas dos fornecedores cujos contratos foram celebrados omitindo-se a licitação pública: CSJN, *Servicios Empresariales Wallabies SRL*, 2000, *Fallos*, 323:1841.

[204] Os Decretos n. 436/00 e n. 1.023/01.

Cabe avançar neste sentido. Como medida geral para combater a corrupção nas contratações do Estado, Gordillo propôs adotar entre nós o sistema de ações *qui tam* do Direito federal norte-americano.[205] Estas ações podem ser iniciadas por qualquer particular contra um contratante alegando que este apresentou processos fraudulentos contra a administração pública. O Governo pode assumir a condução do processo, mas se este não o faz, o denunciante pode continuá-lo por sua conta. Em ambos os casos, se a ação for bem-sucedida, o particular que promoveu a ação receberá entre 15% a 25% do resultado do processo judicial ou da transação.[206] Calcula-se que desde a adoção, em 1986, das normas que atualmente regulamentam este tipo de processo, o Governo dos EUA recuperou 2.200 milhões de dólares em multas por fraude civil e os denunciantes particulares receberam aproximadamente 300 milhões de dólares.[207] Esta alternativa mereceria ser considerada em nosso país.

---

[205] "El informalismo y la concurrencia en la licitación pública". *RDA*, 11:306.

[206] Ver CIBINIC Jr., John; NASH Jr., Ralph C. *Formation of Government Contracts*. 3ª ed. Washington: The George Washington University, 1998, pp. 170-173.

[207] ARNAVAS, Donald P.; RUBERRY, William J. *Government Contract Guidebook*. 2ª ed. The West Group, 1994, Suplemento 1999, pp. 7-3.

IV - OS DEFEITOS DA CONTRATAÇÃO PÚBLICA

4.2 AS ETAPAS DA CONTRATAÇÃO

Aprofundando a análise das contratações do Estado, observamos que suas quatro principais etapas devem ser avaliadas: a licitação pública, a execução do contrato, o pagamento e a solução final das controvérsias.

4.2.1 A licitação pública

As irregularidades em uma licitação frequentemente começam na redação dos editais. Algumas práticas se tornaram típicas e por isso foram expressamente banidas pelas normativas: por exemplo, a exigência de condições que só podem ser satisfeitas por um determinado fornecedor.[208]

Mas existem formas mais sutis de discriminação. Por exemplo, fixar um prazo que, mesmo respeitando os prazos mínimos legais de publicação, resulta na

---

[208] Diz o art. 18 do Decreto n. 1.023/01: "Revogação dos atos administrativos do procedimento de contratação. A comprovação de que em um chamado à contratação se tenham (...) formulado especificações ou incluído cláusulas cujo cumprimento somente seja factível por determinado interessado ou ofertante, de maneira que o mesmo esteja dirigido a favorecer situações particulares, dará lugar à revogação imediata do procedimento, independentemente do estado de tramitação em que se encontrar, e ao início dos processos sumários pertinentes".

verdade exíguo para a apresentação das propostas. Pense-se que, em caso de contratos de longo prazo e de alto risco empresarial, como a concessão de obra pública, o custo de preparação de uma proposta pode superar um milhão de dólares, sendo fácil concluir que uma proposta desta magnitude não pode ser apresentada nos 20 dias corridos (40 dias corridos quando é internacional) que é o mínimo que as normas nacionais vigentes exigem.[209] E o que dizer então a respeito do lançamento de um edital de licitação para fornecer serviços jurídicos que é publicado nos últimos dias de dezembro e que fixa como data de abertura dos envelopes nos primeiros dias de fevereiro?[210]

Esta conduta beneficia obviamente àqueles que tenham sido avisados com tempo antes do iminente lançamento da licitação. Houve casos em que, mesmo tratando-se de propostas de alta complexidade, o prazo concedido para a apresentação da proposta não era suficiente sequer para cumprir as formalidades (certificações notariais, legalizações, traduções etc.) exigidas pelo edital.

O inconveniente das formalidades excessivas merece também ser destacado. Face a participantes

---

[209] Decreto n. 1.023/01, art. 32.

[210] O caso é real. O órgão licitante rejeitou um pedido de adiamento (Nota do tradutor: As férias forenses são em janeiro).

IV - OS DEFEITOS DA CONTRATAÇÃO PÚBLICA

não habituais ou não avisados previamente, o formalismo é um agente dissuasivo para que se apresentem propostas ou, como mínimo, facilita que se incorra em erros formais nos quais se poderão basear as impugnações. Neste sentido Gordillo assinala:

> As propostas do exterior, apresentadas em licitações públicas nacionais ou internacionais, rara vez cumprem até o último requisito formal exigido pelas condições do edital, ao qual, não obstante, deveriam ajustar-se em tudo de acordo com a doutrina clássica.[211]

A solução deste problema é simples: só se deveria exigir reconhecimento de firmas e legalizações ao ganhador da licitação. Uma garantia de proposta séria e confiável (esta sim devidamente formalizada) funcionaria de forma dissuasiva de condutas irresponsáveis ou fraudulentas.

Na verdade, a superabundância de detalhes formais tende a demonstrar, para pessoas pouco familiarizadas com os trâmites licitatórios, a forma meticulosa de agir dos funcionários intervenientes, permitindo assim diluir decisões questionáveis em uma quantidade enorme de documentos frequentemente não necessários, retardando por semanas decisões que,

---

[211] "El informalismo y la concurrencia en la licitación pública". *RDA*, 11:310.

se fossem tomadas com imparcialidade, poderiam ser rápidas, mas que, ao não ser assim, levam a que a demora seja utilizada com objetivos de posicionamento político de alguns participantes.

Por exemplo, na privatização de uma importante empresa industrial pertencente ao Estado se exigiu a apresentação de aproximadamente um metro cúbico de documentação por cada consórcio participante, em grande parte inútil. Abertos os envelopes n. 1 e confirmado que existiam somente dois grupos participantes, ambos constituídos por empresas altamente-qualificadas, os advogados destas concordaram em solicitar ao órgão licitante uma rápida avaliação que permitisse abrir os envelopes n. 2, nesse mesmo dia, e não depois de várias semanas como previa o edital (Com os envelopes n. 2 guardados sob sigilo nas dependências públicas durante esse período). A sugestão foi aceita. O prazo de duas horas foi suficiente para que tanto os advogados da administração como os dos participantes revisassem a documentação habilitante e coincidissem, por unanimidade, que ambos participantes estavam qualificados, permitindo assim que neste mesmo dia fossem abertos os envelopes n. 2 e que a licitação fosse aceita no mesmo ato, evitando demoras que só teriam servido para realizar movimentos de *lobbying* que desnaturalizariam o propósito da licitação pública.[212]

---

[212] Obviamente podem existir casos nos quais o cumprimento dos requisitos do edital por parte de alguns participantes não seja tão

IV - OS DEFEITOS DA CONTRATAÇÃO PÚBLICA

Portanto, uma licitação na qual é muito breve o prazo de apresentação das propostas e muito amplo o prazo para qualificar os participantes (seja este prazo o estabelecido originalmente seja o resultante de postergações concedidas), torna-se suspeita. O remédio a esta corruptela consiste em se estabelecerem regras opostas: prazos longos para que as propostas sejam apresentadas, mas breves para a qualificação dos proponentes e para a avaliação de suas propostas.

Continuando com a lista de práticas indevidamente restritivas, incluímos a colocação de requisitos estritos demais para se admitir as empresas como qualificadas (cujo efeito é, frequentemente, impedir a participação de empresas fora do círculo de participantes habituais) e a redação de cláusulas contratuais leoninas, que analisaremos a seguir e que desmotivam a participação (ou, o que é praticamente o mesmo, obrigam a ofertar preços muito altos) de todos aqueles que não confiam em obter um tratamento razoável por parte do organismo contratante. Neste caso o remédio consiste, ao tratar-se de valores muito altos a serem licitados, em exigir-se a opinião de uma consultoria ou de um banco de investimento de alta

---

claramente comprovável, mas isso não deveria impedir que a administração, primeiro, fixasse pautas facilmente demonstráveis e depois pré-qualificasse em prazos muito mais curtos do que os que frequentemente se exige.

reputação a respeito das consequências dos requisitos e cláusulas propostas sobre o universo de possíveis participantes.

Muitas vezes as licitações são realmente decididas, independentemente do funcionário que detém o poder de decisão formal, pelo funcionário de mais alta hierarquia que tem um interesse direto no assunto. Este interesse não tem de ser necessariamente antiético, embora seja igualmente incorreto (o interesse de um funcionário político, por exemplo, em reforçar a relação com um determinado país, adjudicando a licitação a uma empresa desse país). Dessa maneira, se o ministro não tem interesse direto, e sim o tem o subsecretário, é este último quem realmente decide, e o modelo vai se repetindo ao descender a escala hierárquica. Esse resultado se deve a que as opiniões dos funcionários neutros são geralmente carentes de força e equilibradas entre seus prós e seus contras, enquanto que as opiniões do funcionário interessado são categóricas e sem nuances. Entre o principal desejo dos funcionários neutros, que é que não se suspeite de sua imparcialidade, e o desejo do funcionário interessado em obter um resultado determinado, não é de se estranhar que muitas vezes triunfe este último.

O remédio contra esta delegação involuntária do poder de decisão consiste em se reduzir ao máxi-

IV - OS DEFEITOS DA CONTRATAÇÃO PÚBLICA

mo a possibilidade de discricionariedade na seleção do universo de proponentes e na concessão. Por isso é preferível o uso de critérios, os mais automáticos possíveis, para selecionar os participantes ou para outorgar a licitação.[213] Uma seleção de participantes admissíveis com pautas claras e realistas, com resultado *passa/não passa*, é preferível a um método de pontos que sempre envolve certo grau de arbitrariedade. Uma adjudicação baseada no melhor preço será sempre mais transparente que outra na qual o preço é só um dos elementos de decisão que são levados em consideração, junto com outros imprecisos ou totalmente subjetivos. ("Interesse nacional", por exemplo).[214] Quando o preço é pago pelo adjudicatário, é preferível exigir o pagamento à vista, para evitar que ganhe aquele que mais promete, mesmo que depois não cumpra e trate de renegociar, ou seja, finalmente,

---

[213] Como diz GARZÓN VALDÉS, Ernesto. "Acerca del concepto de corrupción". *In:* CARBONELL, Miguel; VÁZQUEZ, Rodolfo (coord.). *Poder, Derecho y Corrupción.* México: Siglo XXI, 2003, p. 34: "Se for verdade que a discricionariedade de quem decide abre o caminho para o suborno, nada melhor então do que substituir as decisões discricionárias por decisões mecânicas." Sobre a tendência a aumentar a discricionariedade na contratação pública, ver GONZÁLEZ PÉREZ, Jesús. *Corrupción, Ética y Moral en las Administraciones Públicas.* Madrid: Aranzadi, 2006, p. 117.

[214] No mesmo sentido, TANZI, *Vito.* "Corruption and the budget: problems and solutions". *In:* JAIN, Arvin K. *Economics of Corruption.* Massachusetts: Kluwer, 1998, p. 116.

que ganhe quem mais mente. Pela mesma razão, convém evitar-se o sistema de outorgar a quem prometer maiores investimentos ou a quem pretender menor tarifa e estabelecer, em seu lugar, investimentos mínimos obrigatórios e uma tarifa razoável e não negociável, para desta forma outorgar àquele proponente que oferecer pagar o preço à vista mais alto pelo direito de explorar o serviço com esta tarifa.[215] Desta maneira reduzem-se os casos de renegociação com suas consequentes tentações. Se observarmos retrospectivamente as privatizações da década dos 90, comprovaremos que aquelas nas quais se respeitaram essas regras (caso da distribuição e de transporte de gás, por exemplo) foram, em geral, as que tiveram menos problemas de renegociação imediatamente após ser efetuada a privatização.

Muitas situações de corrupção real ou aparente (esta última também nociva para o prestígio do Estado) se evitariam lembrando que o procedimento da licitação pública busca simultaneamente fins públicos diversos, nenhum dos quais deve ser sacrificado em prol do outro: não só a maior eficiência nas compras, mas também a transparência na contratação devem

---

[215] *Cf.* AARONS, Fred. "Renegotiation of Concessions in the Latin American Context". *In:* BASAÑES, Federico; URIBE, Evamaría; WILLIG, Robert (coord.). *Can Privatization Deliver? Infrastructure for Latin America.* Banco Interamericano de Desarrollo, 1999, pp. 111 e 117/118.

IV - OS DEFEITOS DA CONTRATAÇÃO PÚBLICA

ser respeitadas. Assim, se em uma licitação se negociar diretamente com os titulares das duas melhores propostas, poder-se-á conseguir um preço mais conveniente do que o proposto pelo ganhador original, mas se desvirtua a concorrência, perde-se a transparência e abre-se a porta a favoritismos. Além disso, foi noticiado ao mercado que pode existir uma segunda rodada, com o que as propostas que se receberem em futuras licitações não serão sempre as melhores possíveis.

Da mesma forma, se, quando estiver concluído o período do recebimento de propostas, observar-se que um requisito do edital encarece de forma desmedida as propostas, não cabe eliminar tal requisito (mesmo com a concordância de todos os participantes) baseando-se no argumento de que não se prejudica nenhum deles e se evita a demora de se realizar uma nova licitação, já que não se poderá saber quais são os interessados que deixaram de participar ante a existência do requisito exagerado.

Um bom "teste" geral da transparência de um sistema de licitações é a presença frequente de participantes estrangeiros.[216] Isso porque, geralmente, este tipo de participantes carece de poder político e,

---

[216] LAMBSDORFF, Johann Graf. "Corruption in comparative perception". *In: The institutional economics of corruption and reform*. Cambridge: Cambridge University Press, 2007, p. 85.

se pertencer a países que consideram os subornos pagos a governos estrangeiros um delito, terá uma motivação adicional para não se comportar incorretamente. Na verdade, os defeitos que estamos observando nesta etapa da contratação muitas vezes obedecem à vontade estatal de impor barreiras dissimuladas à participação estrangeira nas contratações públicas, barreiras que, se são ostensíveis, estariam proibidas pelos tratados internacionais que obrigam o Estado contratante.

Caberia, finalmente, propor a sanção de uma lei que permita o acesso às licitações públicas internacionais somente às empresas daqueles países cuja legislação interna considera delito subornar um funcionário público de um país estrangeiro, como ocorre nos Estados Unidos com o *Foreign Corrupt Practices Act* e como começou a ocorrer com os países da OCDE.[217] Dessa maneira, ante a acusação de corrupção, a investigação poderia ser levada a cabo, tanto pelo governo argentino, como pelo estrangeiro, aumentando assim as chances da detecção e, correlativamente, diminuindo a

---

[217] Sobre a Convenção da OCDE que combate a corrupção de funcionários públicos estrangeiros, ver NICHOLS, Colin; DANIEL, Tim; POLAINE, Martin; HATCHARD, John. *Corruption and Misuse of Public Office*. Oxford University Press, 2006, pp. 395-435. Gordillo é eloquente sobre a obrigação moral da Europa de combater a corrupção de seus empresários no estrangeiro. (GORDILLO, Agustín A. *The future of Latin America: can the EU help?* Londres: Esperia Publications Ltd., 2003, p. 117).

IV - OS DEFEITOS DA CONTRATAÇÃO PÚBLICA

possibilidade de que se recorresse a tais práticas nas licitações internacionais que a Argentina convoca. Esta iniciativa guarda certa semelhança com a firma de um *pacto de honestidade* entre o governo que convoca a licitação e as empresas participantes, motivo pelo qual estas últimas se comprometem a denunciar os funcionários que exigem subornos e o governo garante que nenhum de seus funcionários fará tais exigências.[218]

4.2.2 A execução do contrato

A execução do contrato se desenvolve longe do escrutínio público, já que este normalmente se concentra na etapa licitatória. Vencidos e resignados os competidores, a relação fica geralmente oculta aos olhos de estranhos e se desenvolve entre velhos conhecidos: O contratante habitual e os funcionários que controlam a implementação do contrato.

Na verdade, é um contrassenso monitorar cuidadosamente o procedimento licitatório e não controlar com igual cuidado a execução do contrato.

---

[218] Assim propõe MORENO OCAMPO, Luis. "Structural corruption and Normative Systems: The Role of Integrity Pacts". *In:* TULCHIN, Joseph S.; ESPOCH, Ralph H. (coord.). *Combating Corruption in Latin America.* Baltimore: Johns Hopkins University Press, 2000, pp. 130 e 143. Ver também ARENOSO, Federico. *Transparencia y Control Social en las Contrataciones Públicas.* Buenos Aires: Fundación Poder Ciudadano, 2006.

Nos Estados Unidos se propôs fazer registros do grau de cumprimento dos contratos como um dos fatores que deveriam incidir na concessão de novos contratos.[219] Em nosso país, pelo contrário, se reconhece que "o controle na execução dos contratos é quase nulo".[220] Mas de nada serve outorgar o contrato ao fornecedor que cotiza o preço mais baixo se depois não se controlam as quantidades que se entregam ou a qualidade do produto entregue.[221] Da mesma maneira, as modificações no contrato – mesmo que aparentem ser impostas unilateralmente pela administração – desnaturalizam a concorrência prévia.[222]

---

[219] ROSE-ACKERMAN, Susan. *Corruption and Government:* causes, consequences and reform. Cambridge: Cambridge Univ. Press, 1999/2005, que cita os trabalhos de Steven Kelman para melhorar o sistema de compras do governo norte-americano.

[220] ARENOSO, Federico. *Transparencia y Control Social en las Contrataciones Públicas.* Buenos Aires: Fundación Poder Ciudadano, 2006, p. 76.

[221] A realidade destas corruptelas são confirmadas por SOTELO DE ANDREAU, Mirta. "Un nudo gordiano en la contratación pública: la corrupción". *In:* SCHEIBLER, Guillermo (coord.). *El derecho administrativo de la emergencia.* vol. IV. Buenos Aries: FDA, 2005, pp. 64/65.

[222] O fenômeno das modificações contratuais e sua possível contradição com o princípio de igualdade que rege na licitação pública, mereceu a análise dos especialistas: Ver GAMBIER, Beltrán. "El principio de igualdad en la licitación pública y la potestad de modificar los contratos administrativos". *RDA,* 18/20:441.

IV - OS DEFEITOS DA CONTRATAÇÃO PÚBLICA

É nesta etapa da execução que se pode observar em toda sua magnitude outro problema: o das cláusulas leoninas. Com o argumento da necessidade de protegerem devidamente os interesses do Estado em uma contratação, as cláusulas contratuais redigidas pela administração são frequentemente de uma severidade exagerada: prazos de cumprimento exíguos (o Estado sempre está com pressa), multas draconianas, poderes estatais abrangentes cujo único freio é um processo com sentença a dez anos ou mais, são cláusulas frequentemente encontradas nestes contratos. Novamente, o exagero pode obedecer a duas motivações diferentes: um compreensível – ainda que equivocado – propósito de superproteção do interesse público, ou um criticável desejo de ter o contratante em uma posição de contínuo descumprimento para torná-lo mais dócil frente às solicitações dos funcionários intervenientes. Dizemos que as cláusulas que superprotegem o Estado não são convenientes para os interesses públicos nem quando obedecem a motivos honestos porque, se os contratantes souberem que estas cláusulas serão aplicadas seriamente, aumentam consideravelmente o preço das contratações públicas. Nos Estados Unidos, a questão se expressa claramente: "O contribuinte norte-americano não está disposto a pagar o custo de um contrato sem risco" diz uma instrução do *Federal Acquisitions Regulation*.[223] O fenômeno se

---

[223] *Federal Acquisition Regulation*, sec. 1.102-2 (c) (2.)

observa com frequência em nosso país: o que à primeira vista parece favorecer os interesses públicos, na verdade, termina prejudicando-os.

Com respeito a isso, as teorias clássicas do Direito Administrativo argentino contribuem para colocar o contratante em uma situação de verdadeiro desamparo jurídico. A mera exposição das prerrogativas da administração nos contratos que ela celebra, e das restrições dos direitos do contratante, são motivos suficientes para dissuadir muitos a contratarem com o Estado.[224] As faculdades irrenunciáveis de modificar e de rescindir unilateralmente o contrato sem indenizar o lucro cessante, de dar ordens ao contratante e de introduzir-se em sua empresa para levar a cabo os controles que a administração julgar que sejam necessários mesmo sem o consentimento do contratante são exemplos destas prerrogativas. A obrigação do contratante de seguir cumprindo ainda que o Estado não o faça, ou de impugnar toda decisão estatal em prazos de dias e levar essa impugnação à justiça ainda durante a execução do contrato sob pena

---

[224] Assinalamos este fenômeno em nosso artigo: "De la peligrosidad o inutilidad de una teoría general del contrato administrativo". *El Derecho*, 179-655. Uma visão crítica das cláusulas exorbitantes em Direito brasileiro é Diogo de Figueiredo Moreira Neto: "O futuro das cláusulas exorbitantes nos contratos administrativos", *In: Direito Administrativo Brasil-Argentina:* estudos em Homenagem a Agustín Gordillo. Belo Horizonte: Del Rey Editora, 2007, p. 75.

IV - OS DEFEITOS DA CONTRATAÇÃO PÚBLICA

de perder seus direitos, são alguns dos impedimentos que, em nome do interesse público, são impostos ao co-contratante do Estado.[225] Como se vê, o sistema é opressivo e, no entanto, como se observa na prática, não protege o Estado frente a demandas exageradas.

É curioso que a mesma normativa que tenta assegurar a transparência na etapa de contratação seja a que implante um regime opressivo para sua execução, sem perceber que os mesmos vícios que se procura erradicar naquela etapa podem aparecer na execução do contrato ao amparo da falta de defesa jurídica em que se coloca o contratante.

Observe-se como o Direito Administrativo argentino desvirtuou a fonte francesa na qual se inspirou. Na França, tanto a modificação quanto a rescisão do contrato dispostas unilateralmente pela administração por motivos de interesse público, fazem com que a Administração tenha a obrigação de pagar não somente o dano emergente senão também o lucro cessante.[226] Além disso, o Estado francês é solvente. O Estado argentino pretende as mesmas potestades, mas não aceita pagar o lucro cessante e em uma década

---

[225] Tudo isso é resultado do regime estabelecido pelo Decreto n. 1.023/01, especialmente seu art. 12.

[226] DE LAUBADÈRE, André; MODERNE, Franck; DELVOLVÉ, Pierre. *Traité des Contrats Administratifs*. 2ª ed. tomo II. Paris, 1984, pp. 407/408, 556 e 669.

já invocou duas vezes suas estreitezas financeiras para renegociar seus contratos e obrigar seus contratantes a receberem bônus a serem pagos após dezesseis anos como pagamento de seus créditos.[227] Diferentemente do contratante francês, a posição de seu par argentino perante o Estado é, por esse motivo, de total debilidade jurídica. Os excessos que se cometem em nosso país não são, certamente, produto de um sistema jurídico generoso demais para o contratante, senão de condutas incorretas que seriam possíveis em qualquer sistema, mas que abundam em nosso país devido ao desamparo jurídico do contratante: se a única defesa é o suborno, por que se limitar a pedir somente o que seria plausível, em bom direito, sob o contrato? Algum dia o Estado argentino aprenderá que, apesar de algumas vantagens injustas que hoje obtém, impor regras que protejam jurídica, mas também eficazmente o contratante, a longo prazo acaba beneficiando o próprio Estado.

A partir deste mesmo ponto de vista, a prática de sancionar leis que permitam renegociar os contratos celebrados pela administração anterior[228], atenta contra o princípio da identidade do Estado através do tempo, enviando uma nociva mensagem à população: cada governo somente respeita os contratos que ele firma

---

[227] Ver as Leis n. 23.982 de 1990 e n. 25.344 de 2000.

[228] Assim também as Leis n. 23.696 de 1989 e n. 25.344 de 2000.

IV - OS DEFEITOS DA CONTRATAÇÃO PÚBLICA

e suspeita de todos aqueles que o governo anterior firmou. Além disso, abre um grande campo para a renegociação discricionária e, portanto, passível de corrupção.

Curiosamente, os prestadores de serviços habituais da administração contratam sem hesitação, sujeitando-se a essas normas. Conhecedores da prática administrativa, sabem, no melhor dos casos, até onde o Estado exerce suas prerrogativas frente a contrapartes de cujos bens ou serviços não pode se privar. O risco de um exercício abusivo dessas prerrogativas é um preço aceitável para limitar a concorrência de novos proponentes que é o efeito que o regime exorbitante dos contratos públicos produz. No pior dos casos, os subornos que alguns pagam lhes asseguram um tratamento equânime – quando não de favoritismo – por parte dos funcionários que controlam a execução do contrato. Assim, na Itália se conheciam as grandes obras públicas que duravam muitíssimos anos porque seus construtores "sabiam que seu lucro derivava dos aumentos obtidos no curso da obra e não no baixíssimo preço inicial da licitação".[229]

O remédio para este problema requer múltiplos enfoques. Um é o de realizar um estudo impar-

---

[229] MONTANELLI, Indro; CERVI, Mario. *L'Italia degli Anni di Fango*. Milán: Rizzoli, 1995, p. 300.

cial dos editais de condições-tipo comparando-os com os que são aplicados em países cuja contratação estatal é eficiente e levando em consideração as recomendações de organismos internacionais. Outro é o de terceirizar o controle do cumprimento dos contratos convocando empresas especializadas para tal fim.[230] Esta última recomendação não se baseia em presumir um maior nível ético nos particulares do que nos funcionários públicos, senão no fato comprovado de que os particulares estão expostos a penas jurídicas e econômicas que não atingem os organismos públicos: uma grande empresa de auditoria internacional desapareceu como consequência do escândalo de EN-RON, sanção esta que não recaiu sobre os organismos públicos de controle argentinos que tiveram que atuar na década de 1990, hoje tão suspeita. A razão da diferença é evidente: o Estado não processa a si mesmo e os funcionários a quem poderia processar não têm solvência suficiente para responder por si, enquanto que as consultorias de primeira linha, além de contarem com seguro de responsabilidade civil, têm um importante patrimônio sujeito ao risco de falência.

---

[230] O autor foi testemunha de como, em uma ocasião, uma proposta similar foi rejeitada unanimemente tanto pelos funcionários públicos como pelos contratados: estes últimos também preferiam que suas prestações fossem controladas pela própria administração a serem controladas por consultorias de reputação internacional.

IV - OS DEFEITOS DA CONTRATAÇÃO PÚBLICA

4.2.3 O pagamento

A etapa da atividade administrativa mais sujeita a suspeitas é a que leva ao pagamento dos contratados. Já se disse que um Estado que não paga pontualmente suas contas cria incentivos à corrupção.[231] *"Quem reclama o que é seu terá que padecer de extorsões contínuas e distribuir dinheiro a intermediários e administradores que várias vezes lhe enganam, pagar comissões, até que se o saqueie completamente,"* diz Alejandro Nieto.[232] Para nossa cultura pública (e em grande parte para a privada também) o pagamento de uma dívida não é o cumprimento de uma obrigação, senão um ato de graça.[233] Isso se deve a que aquele a quem o Estado não paga, não possui meios jurídicos idôneos para reaver rapidamente os fundos.[234] Novamente, a

---

[231] ROSE-ACKERMAN, Susan. *Corruption and Government:* causes, consequences and reform. Cambridge Univ. Press, 1999/2005, p. 16, que cita um trabalho de Luis Moreno Ocampo sobre a corrupção gerada pela demora nos pagamentos de resseguros pelo instituto oficial argentino.

[232] "La función pública y la corrupción". *In:* REIRIZ, María Graciela (coord.). *Derecho Administrativo y Aportes para el Rediseño Institucional de la República.* Buenos Aires: LexisNexis/Abeledo-Perrot, 2004, p. 9.

[233] Ocorre a mesma coisa hoje em dia na Rússia onde, na opinião de um conhecedor do meio, as dívidas somente são pagas "por favor ou por temor", mas nunca por cumprir uma obrigação jurídica.

[234] Diversas normas protegem o Estado frente às reclamações dos particulares proibindo medidas cautelares que afetem recursos do

falta de proteção jurídica termina frequentemente na falta de transparência.[235]

O Estado é inclusive inadimplente no que diz respeito às sentenças judiciais. As palavras com as quais Jorge Sáenz descreve essa conduta são eloquentes: "Depois de muitos anos, então, compensados com uma taxa de juros ridiculamente baixa e pagando com bônus desvalorizados, o Estado afirmará cinicamente que 'honrou' a sentença judicial. Obviamente que para obter esse resultado, com certeza o credor teve que contratar outro profissional para a tramitação de algo a que tinha direito, com os respectivos custos, sem falar nos *non sanctos* que eventualmente teve que suportar. Ou teve que recorrer ao clientelismo ou contato político, corruptelas comuns na esfera administrativa, para que se cumpra, se é que assim se pode chamar, pela esquerda, o requisito da 'celeridade', que sarcasticamente preside, como 'princípio' orientador do procedimento administrativo, a respectiva lei em seu artigo 1º".[236]

Estado (Código Processual Civil e Comercial Nacional, art. 195), e que permitem atrasar a execução judicial das sentenças por mais de um ano. (Ley Permanente de Presupuesto, art. 68; Lei n. 23.982, art. 22.) Com respeito a isso, ver ABERASTURY, Pedro. *Ejecución de sentencias contra el Estado*. Buenos Aires: Abeledo-Perrot, 2001.

[235] No mesmo sentido, TANZI, *Vito*. "Corruption and the budget: problems and solutions". *In*: JAIN, Arvin K. *Economics of Corruption*. Massachusetts: Kluwer, 1998, p. 121.

[236] Prefácio da obra de ABERASTURY, Pedro. *Ejecución de sentencias contra el Estado*. Buenos Aires: Abeledo-Perrot, 2001.

IV - OS DEFEITOS DA CONTRATAÇÃO PÚBLICA

Por isso, todo mecanismo que assegure a automaticidade no pagamento quando estiver certificado o cumprimento da respectiva prestação contratual, assim como o pagamento de notas fiscais e sentenças por estrita ordem cronológica, favorecerá a transparência. Neste sentido, o uso de expedientes eletrônicos, nos quais fique assentada também a confirmação dos pagamentos, permitirá transparência na relação com os contratados e facilitaria o controle da ordem em que se efetuam os pagamentos. Este mecanismo implica avançar em um caminho já iniciado[237] e deveria ser prioritário para as autoridades.

Cabe considerar, adicional ou alternativamente, outros sistemas. Assim, no caso de contratos financiados com empréstimos internacionais, é preferível estabelecer que o pagamento ao contratado, quando for expedido o certificado de obra respectivo, seja feito diretamente pela instituição que concedeu o

---

[237] O inc. *c* do art. 7º do Decreto n. 436/00 obriga a *Oficina Nacional de Contrataciones* a "Criar um site de Internet de entrada principal para o sistema de compras e contratações, o qual será de entrada irrestrita para qualquer cidadão e, além disso, fornecer em uma ordem lógica o acesso à informação que se receber dos organismos, que permitirá a interconexão e derivação, também conhecida como 'navegação' aos sites de Internet de cada Jurisdição e ao site do Programa Cristal da *Subsecretaría de la Gestión Pública* dependente da *Secretaría de Coordinación General de la Jefatura de Gabinete de Ministros*." Também o art. 9º do Decreto n. 1.023/0 propicia o uso de tecnologias informáticas.

empréstimo.[238] Outra possível solução seria a de incluir na Lei Permanente de Orçamento uma norma que limitasse a celebração de novos contratos, com as exceções imprescindíveis, na medida em que a dívida do Estado referente aos contratos existentes superasse um determinado nível. Ou, como mínimo, por que não permitir que os contratantes suspendam sua prestação de serviços quando a dívida do Estado superar um determinado limite, (assim ocorre na Espanha quando a demora estatal chega aos quatro meses[239])? Com isso, a desorganização ou a arbitrariedade do Estado em destinar recursos orçamentários repercutiria sobre os funcionários, que são precisamente aqueles que podem corrigir, e não sobre os contratados, que não são os responsáveis por essa desorganização, nem têm a possibilidade de emendá-la.

Hoje em dia, pelo contrário, o contratados deve continuar cumprindo o contrato apesar da dívida do Estado. Isso porque tanto a doutrina como a jurisprudência argentinas somente admitem que o contratado suspenda a execução do contrato quando a falta de cumprimento do Estado chega a tal extremo que o impede de cumprir suas próprias obrigações, "standard"

---

[238] Uma sugestão neste sentido feita pelo autor a funcionários de um organismo internacional de crédito foi considerada "utópica" por seus interlocutores.

[239] Art. 216, inc. 5º da Lei de Contratos do Setor Público (*Texto Refundido de 2011*).

IV - OS DEFEITOS DA CONTRATAÇÃO PÚBLICA

este não só excessivo senão totalmente impreciso e sujeito, portanto, a imprevisíveis avaliações judiciais.[240] Além disso, o Fisco pretende que o contratado dê um adiantamento, do seu próprio bolso, do imposto sobre o valor agregado, uma taxa de 21%, sobre as somas que o Estado lhe deve.[241] E ainda que a demora do Estado seja julgada, por ser exagerada, como impedimento válido para que o contratado cumpra suas próprias obrigações, a rescisão do contrato resultante de tal situação causada unicamente pelo Estado é considerada um caso de "culpa concomitante" e portanto não dá direito ao contratado de recuperar suas despesas improdutivas.[242]

Finalmente, por que não admitir os processos executivos contra o Estado baseados nas certificações de cumprimento contratual?[243] Por acaso não se

---

[240] Ver, com respeito a isso, MARIENHOFF, Miguel S. *Tratado de Derecho Administrativo*. 3ª ed. tomo 3-A. Buenos Aires: Abeledo Perrot, 1983, p. 380; CNFed. CA, Sala III, 3/IX/82, *Rancevich c. Estado Nacional*, El Derecho, 112-375, N. 40. O art. 13 do Decreto n. 1.023/01 impõe esta regra atualmente.

[241] Isso advém do regime previsto pelo art. 5º, inc. *b)* da Lei do Imposto ao Valor Agregado n. 23.349. (t.o 1997 e suas modificações.) Com respeito a isso, ver TISOCCO, Jorge E. "Los deudores morosos e incobrables en el I.V.A". *Periódico Económico Tributario*, n. 78, 1995.

[242] Assim decidiu a *Procuración del Tesoro*: PTN, *Pareceres*, 182:31.

[243] A jurisprudência não admite os processos executivos contra a Nação, baseando-se na Lei de Demandas contra a Nação que

admitem os *amparos* (mandados de segurança), cuja tramitação é sumaríssima, contra medidas estatais de maior importância que o mero pagamento de uma dívida?

4.2.4 A solução das controvérsias

Na atualidade, o mecanismo para solucionar as controvérsias contratuais do Estado não satisfaz a este nem aos contratados. O Estado se desencantou com os tribunais de arbitragem a tal ponto que recentemente dissolveu o *Tribunal Arbitral de Obras Públicas* que existia desde 1947[244], e questionou perante a Suprema Corte – com diverso sucesso – laudos ditados em notórios e recentes casos.[245] Por outro lado, os contratados, carentes de instância arbitral, devem enfrentar uma longa contenda administrativa/judicial

---

estabelece o caráter declarativo das sentenças que se ditam contra ela (CSJN, *Nación Argentina v. Finger, Rouede y Cía.*, 1968, *Fallos* 270:425). Sem entrar na análise de quão correta é esta interpretação, observamos que bastaria uma mudança legislativa para permitir a solução que propomos. Ante a virtual falência do Estado, a tendência, no entanto, é a oposta; ver nota 229 *supra*.

[244] Foi criada pelo Decreto n. 11.511/47 e dissolvida pelo Decreto n. 1.349/01.

[245] Casos *Meller Comunicaciones S.A. UTE c/ ENTel, LL*, 2003-B, 906 (rejeitou-se a impugnação do Estado) e *José Cartellone Construcciones Civiles S.A. c/ Hidroeléctrica Norpatagónica S.A.*, *LL*, 2004-E, 419 (admitiu-se a impugnação do Estado).

IV - OS DEFEITOS DA CONTRATAÇÃO PÚBLICA

de pelo menos seis etapas com uma duração total que facilmente pode chegar a dez, e ainda a vinte anos, a saber: esgotamento da via administrativa, primeira e segunda instâncias judiciais, Suprema Corte e finalmente a execução de sentença que novamente termina em uma tramitação administrativa e, eventualmente, judicial. Tudo isso com a probabilidade, se a prática recente se repetir, de que uma lei de consolidação de dívida pública o obrigue, no final dessa odisséia jurídica, a aceitar bônus públicos a dezesseis anos de prazo e com perspectivas de pagamento incertas.[246]

Estes prazos levam, por outro lado, a que nenhum funcionário público lembre-se dos fatos (ou queira se lembrar) quando chega a etapa probatória na sede judicial. Os advogados do Estado devem defendê-lo com escasso conhecimento dos fatos ou escassa contribuição de provas. Não é de surpreender que essas defesas sejam puramente formais e frequentemente mal sucedidas.

---

[246] Assim ocorreu com as Leis n. 23.982 de 1991 e n. 25.344 de 2000. Ambos os bônus se encontram em situação de não cumprimento (*default*) – como também se encontram *pesificados* aqueles títulos da dívida pública que foram emitidos em dólares (Decreto n. 471/02) –, salvo que os títulos públicos que resultaram elegíveis tenham sido apresentados para troca por novos bônus de acordo com o estabelecido no Decreto n. 1.735/04, o que implicou um desconto superior a 70% do valor nominal da dívida.

HÉCTOR A. MAIRAL

Seria conveniente, por isso, reimplantar uma instância arbitral ainda que fosse com algumas variantes frente ao sistema abandonado. Em primeiro lugar, o tribunal arbitral deveria formar-se ao começar a execução do contrato a fim de que pudesse intervir imediatamente para solucionar as controvérsias que fossem surgindo durante tal execução. Este sistema de câmaras arbitrais especiais para cada contrato foi recentemente instaurado pela Câmara Internacional de Comércio. A Câmara se constitui no começo do contrato e continua funcionando durante toda a sua duração. Segundo a opção das partes pode atuar como mediador ou como árbitro.[247] Com este mecanismo se conseguiria, por um lado, apresentar os pontos de vista dos funcionários intervenientes enquanto estes continuam em funções e não podem alegar terem se esquecido do ocorrido e, por outro, outorgar um rápido remédio ao contratante nos casos de abuso de poder por parte dos funcionários intervenientes. Além disso, evitaria que o contratante necessitasse propor várias demandas judiciais durante a execução do contrato como exigiria a aplicação estrita do plenário *Petracca*.[248] Mas, diferentemente do sistema anterior,

---

[247] Ver as *Dispute Board Rules* que entraram em vigência em 1-IX-04. (Publicação da Câmara de Comércio Internacional).

[248] Este plenário das *Salas de la Cámara en lo Contencioso-Administrativo Federal* (*LL,* 1986-D, 10) aplica o prazo de caducidade de 90 dias estabelecido pelo art. 25 da Lei de

IV - OS DEFEITOS DA CONTRATAÇÃO PÚBLICA

deveria ser permitido recorrer-se diretamente à *Cámara de Apelaciones en lo Contencioso-Administrativo Federal* limitada a questões de direito ou de arbitrariedade na valoração da prova, com o qual se evitariam os casos de abuso que o Estado atribuiu ao regime arbitral anterior.

COMENTÁRIOS À EDIÇÃO BRASILEIRA

Neste capítulo, o eminente jurista argentino trata das questões mais salientes e onde sobejam e pululam os maiores focos de corrupção. Diz: "*A contratação pública é um setor da atividade administrativa tradicionalmente sob suspeitas*".

O problema é semelhante no Brasil, a ponto de uma nova e curiosa forma de combate à corrupção ter surgido nos últimos anos: a criação de entidades formais, entidades não-governamentais, dedicadas exclusivamente a essa finalidade. Um exemplo, como noticiado pelo Jornal Estado de São Paulo,[249] é a ONG Observatório Social, que, uma vez estabelecida, criou inclusive um sistema de franquias, atualmente atuante

---

Procedimentos Administrativos à promoção de demandas nas quais se questiona a validade de um ato administrativo ditado durante a execução de um contrato administrativo.

[249] Edição de 18 de janeiro de 2014, p. A9.

em mais de 70 cidades e 14 Estados do Brasil. Essa entidade foca suas atividades em prevenir a corrupção. Como diz seu presidente *"é preciso matar a corrupção no edital"*, pois *"se não se resolve no começo, pouca coisa acontece depois"*. Diz mais, *"Quem mais rouba não é o poder público. Em geral são as empresas que pegam o edital, combinam a coisa antes e vão acertadas para o pregão"*.

Apesar de ter o Brasil subscrito a Convenção Interamericana contra a Corrupção (aprovada pelo Decreto n. 4.410, de 7 de outubro de 2002), a implementação dos preceitos e, em verdade, das obrigações assumidas por cada uma das partes contratantes, não se encontram muitos exemplos de sua presença no Brasil.

O Projeto de Lei Contra a Corrupção hibernou em nosso Congresso Nacional por décadas. Foi finalmente aprovada e sancionada recentemente: Lei n. 12.846, de 1º de agosto de 2013, que "Dispõe sobre a responsabilização administrativa e civil de pessoas jurídicas pela prática de atos contra a administração pública nacional e estrangeira (atos de corrupção)". Criou a novidade da responsabilização administrativa objetiva, da empresa, independentemente de das pessoas físicas envolvidas. Essa responsabilização, contudo, já nasce onerada de duvidas e/ou de flagrantes inconstitucionalidades, por violar o princípio constitucional do contraditório e de ampla

IV - OS DEFEITOS DA CONTRATAÇÃO PÚBLICA

defesa (art. 5º, LX da C.F.). Entrou em vigor em 29 de janeiro de 2014. Essa Lei surge em tempos em que a corrupção campeia como uma atividade absolutamente normal, amplamente banalizada. Dirigida fundamentalmente a atividades empresariais, pode-se esperar que seus efeitos, se efetivamente aplicada e exigida, possam espraiar-se pela sociedade alcançando o subconsciente coletivo, hoje permissivo. Espere-se que seus efeitos também alcance a área de licitação pública.

Quem decide e quem deveria decidir (item 4.1), dicotomia, que, como reporta Mairal, fomenta a corrupção, ao facilitar seu ocultamento da corrupção, pela dissociação entre a capacidade real de decidir e a responsabilidade jurídico-política.

Entre nós, as decisões relativas às licitações e contratações partem de cima. Os funcionários subalternos geralmente atendem ordens ilegais ou absurdas com receio de serem punidos ou prejudicados. Ocorre que existe, entre nós, jurisprudência já antiga, mas válida até hoje, no sentido de que o funcionário público não está obrigado a obedecer ordens superiores ilegais. Entretanto, é muito raro o funcionário subalterno invocar tal jurisprudência.

Há diversos cursos que ensinam os servidores públicos a executarem suas tarefas de acordo com a legislação. Mas, na prática, temos visto decisões e ações ilegais, absurdas, que são tomadas e impostas pelas autoridades superiores. Ou, em outro aspecto. Autoridades superiores recebem documentos que são preparados por subalternos comprometidos com interessados, sendo que tais autoridades assinam tais documentos sem mais.

O sistema de ação *qui tam* dos EUA seria, guardando as devidas proporções, semelhante à nossa Ação Popular, que tem na Constituição uma configu_ ração muito benéfica para a proteção do (erário) público. Porém, é pouco utilizada.

As etapas da contratação (item 4.2) e a Licitação Pública *(item 4.2.1)* são parte do mesmo problema conducente à corrupção.

Muitas das questões já surgem na elaboração do Edital, com cláusulas excessivas, (impertinentes) em relação ao objeto da licitação, discriminatórias, exigências inócuas, apresentação de comprovantes de execução anterior com prazos certos, certidões única ou limitadas, quantitativos em "*numerus clausus* etc.

A Lei n. 8.666/93 concede no seu artigo 41 a possibilidade de impugnações ao Edital: a) para o cidadão, protocolando o pedido até 5 (cinco) dias úteis da data fixada para a abertura dos envelopes de habilitação, sendo que a Administração deve julgar e

IV - OS DEFEITOS DA CONTRATAÇÃO PÚBLICA

b) para a licitante, que decaíra do direito de impugnar os termos do edital de licitação perante a Administração o licitante que não o fizer até o 2º dia útil que anteceder a abertura dos envelopes de habilitação em concorrência, a abertura dos envelopes com as propostas no convite, tomada de preços ou concursos ou a realização de leilão, as falhas ou irregularidades que viciariam esse edital, hipótese em que tal comunicação não terá efeito de recurso. Neste caso, o absurdo é que a Administração não tem nem a obrigação nem a faculdade de responder à impugnação antes de resolver as questões, podendo então dar seguimento à licitação, mesmo com todos os vícios apontados. Porém, tendo efetuado as impugnações no prazo de 2 (dois) dias antes da abertura da licitação, o licitante pode, ao final, pedir a anulação do certame, por exemplo, se os vícios forem de tal gravidade que a isso se prestem.

Também aqui, nos termos do artigo 3º da Lei n. 8.666, de 93, que conceitua o que seja uma licitação, se extrai que esta tem duas finalidades: a busca da contratação mais vantajosa para a Administração e a observância do princípio constitucional da igualdade entre os concorrentes. (conferir art. 37, inciso XXI da Constituição Federal), o que também leva à mesma observação de Mairal: não há possibilidade, em nenhuma licitação, se sacrificar uma das duas finalidades em detrimento da outra.

Como referimos, a licitação de melhor técnica ou de técnica ou preço (art. 46, *caput*, da Lei n. 8.666/93), que além de levar ao dirigismo estatal, acaba favorecendo a corrupção. Neste tipo de licitação, há um escalonamento de notas, de cima para baixo, em técnica (melhor técnica), decorrendo a contratação com base no menor preço apresentado. É evidente e indiscutível que, em matéria de julgamento técnico, não há possibilidade de haver um julgamento objetivo (como quer um dos princípios das licitações). Então, em técnica, vence quem quer a Administração. O outro, o da técnica e preço, se compõe de dois julgamentos, um técnico, com notas, e outro de preço, com notas; para ambos, são previstos pesos, *discricionariamente escolhidos*. Também este tipo vem previsto no mencionado art. 46 da Lei n. 8.666/93. Aqui, normalmente, na prática, fixam-se pesos, 7 (sete) para técnica e peso 3 (três) para preço. É óbvio que, como o julgamento técnico e subjetivo, a licitação também aqui é dirigida, pois o peso 7 (sete) sobrepuja o peso 3 (três).

Estes tipos de licitações foram criados na época da legislação geral de licitações anterior, o Decreto-lei n. 2.300, de 1986, que as admitia em qualquer que fosse o objeto licitado ou em qualquer modalidade de licitação; a nova Lei somente admitiu estes tipos de licitações para serviços de natureza predominantemente intelectual. Porém, a prática continuou em outros

IV - OS DEFEITOS DA CONTRATAÇÃO PÚBLICA

casos, como na Lei da Copa de 2014 e das Olimpíadas de 2016, com a chamada Lei do Regime Diferenciado de Contratações, que admite o segundo tipo de contratação e que, por isso, deveria ser denominada Lei do Regime Dirigido de Contratações.

Outra prática absurda, criminosa, por sinal, que a legislação licitatória admite é a figura que se costumou chamar de "carona". Há um Decreto (não lei formal) que admite essa monstruosidade e que é até defendido, em escritos, por advogados, juristas e pela Administração Pública. Tal prática, a figura do "carona", prolifera, em todo o país, em especial, em Brasília. Um Decreto de n. 7.892, de 23 de janeiro de 2013, "regulamenta" o Sistema de Registro de Preços, previsto no art. 15 da Lei n. 8.666/93, que é uma forma de contratações de serviços e aquisição de bens, sendo um conjunto de procedimento para registro formal de preços relativos à prestação de serviços e à aquisição de bens, para contratações futuras. Um órgão ou entidade pública abre uma concorrência pública, visando contratações sob esse regime. A licitante que oferecer o menor preço recebe uma Ata de Registro de Preços, uma espécie de pré-contrato, válido por um ano, prorrogável. A cada mês o órgão e/ou entidade contratante solicita ao vencedor, portador da Ata de Registro de Preços, uma quantidade x de serviços ou uma quantidade y de bens, que fazem parte do objeto da Ata e celebram contratos nessa ocasião.

Esse Decreto define como órgão licitador o Órgão Gerenciador e define também o Órgão Participante. Feita a licitação, do tipo menor preço, precedida de ampla pesquisa de mercado, uma vez devidamente justificada a vantagem, será elaborada ata de registro de preços, que, durante sua vigência, poderá ser utilizada por qualquer órgão ou entidade da administração pública federal que não tenha participado do certame licitatório, mediante anuência do Órgão Gerenciador, que pode autorizar órgãos ou entidades a adquirirem o objeto da Ata de Registro de Preços, diretamente do vencedor da licitação, até cem por cento do total previsto na Ata como quantitativo máximo. Então, o vencedor da licitação, que adquiriu, por licitação, o direito de vender um máximo do objeto junto ao Órgão Gerenciador, pode fornecer para cada um dos Órgãos "caronas", até cem por cento do objeto da licitação que venceu.

Aí a figura do "carona", não prevista em lei formal e se constituindo em um verdadeiro crime, nos termos do art. 89 da Lei n. 8.666/93 – Lei Geral de Licitações e Contratos. Esse sistema é mesmo defendido por escritores e pela Administração Pública. Em obra recente, Rafael Carvalho Rezende Oliveira[250] comenta sobre a figura do "carona": *"Os 'caronas'*

---

[250] *Licitações e Contratos Administrativos*: teoria e prática. Rio de Janeiro: Editora Método, p. 49.

IV - OS DEFEITOS DA CONTRATAÇÃO PÚBLICA

são os órgãos e entidades administrativas que não partici-param do registro, mas que pretendem utilizar a ata de registro de preços para suas contratações" (e aqui anota um item de n. 61), e acrescenta:

> *Toshio Mukai,* minoritariamente, *defende a inconstitucionalidade do "carona", pois "nenhum órgão ou entidade pode se valer de licitação efetuada por outro órgão, sem dela ter participado, devendo ser considerada criminosa tal conduta, na forma do art. 89 da Lei n. 8.666/1993.*[251]

Há um caso decidido pelo Tribunal de Contas da União, no qual o Ministério da Saúde gerenciou uma Ata de Registro de preços, cujo objeto tinha o preço em torno de R$ 132.000.000,00. Compareceram 62 (sessenta e dois) caronas e o total fornecido pelo vencedor subiu para R$ 2.000.000.000,00 (dois bilhões de reais). Portanto, R$ 1.868.000.000,00 foram fornecidos sem licitação. O Tribunal, embora tenha recomendado a revogação do Decreto do "carona", não puniu os agentes públicos, nem os denunciou ao Ministério Público. Ao contrário, admite o "carona", pois em caso recente, "ilegalmente", entendeu que nesses casos, os cem por cento do objeto

---

[251] MUKAI, Toshio. "O efeito 'carona' no Registro de Preços: um crime "legal". *FCGP*, Belo Horizonte, ano 8, n. 87, março de 2009, pp. 72/73 (notas de rodapé).

HÉCTOR A. MAIRAL

licitado engloba todos os fornecimentos a caronas, aceitando, portanto, a sua existência, implicitamente.

A execução do contrato (item 4.2.2), também no Brasil, na prática, se dá longe dos que participaram do certame. Por isso, muitas vezes se fazem aditamentos que levam aos superfaturamentos, aumentos do objeto que superam os 25% do valor inicial do contrato, admissíveis pela lei etc. não obstante os contratos e suas execuções serem acompanhados a posteriori pelos Tribunais e Contas e em alguns casos, pelo Ministério Público.

As modificações nos contratos são unilaterais e há a obrigatoriedade legal de se promover o reequilíbrio econômico-financeiro do contrato. Quanto às rescisões por interesse público, a doutrina entende que há direito do contratado de receber os danos emergentes assim como os lucros cessantes.

Há ainda, quanto à execução do contrato, algumas marcas dignas de nota. O artigo 55 dispõe sobre as cláusulas necessárias ou essenciais do contrato administrativo prevendo, dentre outras cláusulas, a obrigatoriedade do reajuste; e a vinculação do edital de licitação ou ao termo que a dispensou ou a inexigiu, ao convite e à proposta do licitante; e a obrigação do contratado de manter durante toda a execução do contrato, em compatibilidade com as obrigações por ele assumida, todas as condições de habilitação e qualificação exigidas na licitação.

IV - OS DEFEITOS DA CONTRATAÇÃO PÚBLICA

A*qui, a tese de Gordillo, no sentido de que a licitação não termina com a adjudicação e homologação do objeto ao vencedor, mas que termina, sim, com a execução total do contrato.*

O art. 58 contempla as cláusulas exorbitantes do Direito comum sendo vedado contrato com prazo indeterminado. São admitidas alterações unilaterais do contrato, mas as alterações de efeitos econômico-financeiros serão sempre efetuadas de comum acordo.

O art. 59 prevê que "a declaração de nulidade do contrato administrativo opera retroativamente impedindo os efeitos jurídicos que ele, ordinariamente, deveria produzir, além de desconstituir os já produzidos", não sendo a Administração exonerada de seu dever de indenizar o contrato pelo que tiver executado até a data da declaração da nulidade. Consubstancia-se assim a efetivação de um princípio milenar (dos Romanos) e geral de Direito: "A ninguém é dado se locupletar com o prejuízo alheio".

O pagamento (item 4.2.3) é uma etapa de onde decorre mais uma fonte de corrupção, no entender de Mairal, pois o Estado que não paga pontualmente suas obrigações cria incentivos a mecanismos dolosos e criminosos.

Entre nós, a grande dúvida está em saber-se se os pagamentos estão sendo feitos na ordem cronológica, por unidades da Administração, para cada fonte diferenciada de recursos. Em geral, normal os pagamentos, sempre se lê e se ouve falar de processos em que são exigidos "pedágios" para que os pagamentos, inobstante o direito do contratante, sejam feitos.

A solução das controvérsias (item 4.2.4), no Brasil, tanto no âmbito do judiciário como no âmbito dos Tribunais de Contas, é muito lento e muitas vezes, complicado, dados os inúmeros tipos de recursos processuais e administrativos existentes. Tem se discutido aqui em acordar a possibilidade de serem adotadas regras de juízo arbitral; alguns são contrários juridicamente, a essa tese, alegando que, como ocorre com uma lei federal que regula o juízo arbitral no setor privado, ele só pode analisar e julgar direitos disponíveis possíveis, e os direitos públicos seriam todos indisponíveis. Outros admitem o juízo arbitral, desde que com algumas ressalvas, por exemplo, sempre que com certeza, a questão envolva interesses realmente disponíveis.

Há projeto de lei no Congresso prevendo a introdução do juízo arbitral em relação aos contratos administrativos. Existe na Lei n. 8.987, de 1995, que dispõe normas gerais sobre concessões e permissões de serviços públicos. É o que prevê o art. 23 – A da Lei referida, incluído pela Lei n. 11.196, de 2005,

IV - OS DEFEITOS DA CONTRATAÇÃO PÚBLICA

assim redigido: "O contrato de concessão poderá prever o emprego de mecanismos privados para resolução das disputas decorrentes ou relacionadas ao contrato, *inclusive a arbitragem*, a ser realizada no Brasil e em língua portuguesa, nos termos da Lei n. 9.307, de 23 de setembro de 1996". Esta última Lei, contudo, é a que prevê que a arbitragem nela referida somente se aplica em relação a direitos disponíveis.

conclusões

Como vimos, são muitas as normas de hierarquia legislativa ou administrativa que existem em nosso país e que – tal como foram tradicionalmente redigidas – têm efeitos nocivos com respeito à luta contra a corrupção, seja por agir como um campo fértil para ela ou diretamente promovendo-a. Todas elas criam – desnecessária ou exageradamente – novos espaços, ou ampliam os existentes, para que a corrupção atue. Porque em grande medida ela não é nada mais que "a justificação pragmática que nasce da frustração com o sistema legal vigente".[252] As declarações dos próprios funcionários públicos que criticam o próprio sistema que devem aplicar demonstram que a perversão está no sistema e não nas pessoas.[253]

---

[252] ROSE-ACKERMAN, Susan. *Corruption and Government:* causes, consequences and reform. Cambridge: Cambridge Univ. Press, 1999/2005, p. 21.

[253] "Devemos acabar com a hipocrisia" declarava um alto funcionário da autoridade tributária em uma conferência pública. (*El Cronista*, 10.05.07).

No entanto, é provável que os funcionários públicos honestos (que são maioria) que tenham lido até aqui as ideias vertidas no presente trabalho, considerem-nas desajustadas à realidade com a qual devem lidar: uma sociedade relutante no que se refere ao cumprimento da lei e que, em seus estratos superiores, conta com assessoramentos sofisticados para enfrentar um Estado débil e que dedica recursos insuficientes à defesa de sua posição jurídica.

Do ponto de vista desses funcionários públicos, a promulgação de normas amplíssimas e a imposição de penas draconianas seriam mecanismos para equilibrar a balança e induzir a algum grau de cumprimento por parte de uma sociedade recalcitrante ao Direito. Mas, convenhamos que esses mesmos mecanismos são burlados por aqueles que estão próximos do poder político ou recorrem à corrupção. Com isso, o aumento no cumprimento da norma se consegue à custa de multiplicar as oportunidades para que se desenvolva a corrupção. Um Estado que imita a Europa em suas exigências, mas não em suas prestações, cria problemas sociais, políticos e econômicos cuja análise excede o presente trabalho. Aqui somente tentamos demonstrar qual é o custo social, cívico e ético das políticas jurídicas que o Estado argentino seguiu até agora. Acreditamos que esse custo supera o benefício proveniente do maior grau de acatamento da lei que as normas que criticamos conseguem.

CONCLUSÕES

Portanto, quando o combate à corrupção chegar a ser realmente prioritário para as autoridades, todo projeto que exigir autorizações especiais, todo programa que depender de controles difíceis ou complicados, toda medida que sacrificar interesses individuais em prol de ambiciosas metas sociais, deverá ser avaliado também a partir deste ponto de vista: os benefícios de diversa índole, que a nova norma causaria, são superiores ao custo social e político derivado do possível aumento da corrupção que ela produziria? Hernando de Soto assim o propõe.[254]

Avançando nesse sentido, assim como para certos projetos empresariais se exige um estudo de impacto ambiental, seria conveniente exigir que, antes de aprovar qualquer projeto de lei ou regulamento que regule uma indústria ou setor da atividade, ou que de outra maneira crie oportunidades para que a corrupção atue, fosse preparado um estudo de seu *impacto moral*, a fim de determinar o possível efeito da nova norma na luta contra a corrupção.

Tal estudo deveria ser elaborado por um dos organismos permanentes encarregados de combater a corrupção, tal como a *Oficina Anticorrupción*.[255] Desta

---

[254] *El Otro Sendero*. Buenos Aires: Sudamericana, 1987, p. 309.

[255] A *Oficina Anticorrupción* foi criada pelo artigo 13 da Lei n. 25.233, modificando a Lei de Ministérios. Encarrega-se da

maneira a *Oficina Anticorrupción* complementaria sua função de investigação e denúncia, necessariamente posterior ao fato delitivo[256], com uma atuação preventiva e, como tal, menos conflitante e mais eficaz para combater o problema.[257] Esta função preventiva, também contemplada pela legislação aplicável, já é cumprida por esse organismo que possui uma área dedicada à melhoria da normativa[258], objetivo este afim com a tarefa que propomos. Alternativa ou complementarmente, esta poderia ser uma função das organizações não governamentais.

A análise de cada norma contemplada poderia partir de uma lista de facetas que favorecem a

---

elaboração e da coordenação de programas de luta contra a corrupção no setor público nacional. Ver, a respeito disso, MASSONI, José. "La Oficina Nacional Anticorrupción". *In: Control de la Administración Pública.* Buenos Aires: Ediciones Rap, 2003, p. 681.

[256] Tais são as funções que competem à *Oficina Anticorrupción* segundo o art. 13 da Lei n. 25.233 que remete aos arts. 26, 45 e 50 da Lei n. 24.946.

[257] Entre os objetivos da *Oficina Anticorrupción* está o de "[a]ssessorar os Organismos do Setor Público Nacional para implementar políticas ou programas de prevenção e luta contra a corrupção." (Ver art. 1º do Anexo B do Decreto n. 625/00 e arts. 2º e 12º do Decreto n. 102/99).

[258] RAIGORODSKY, Nicolás. "Políticas de prevención de la corrupción en el ámbito de los organismos de seguridad pública". *In: Diálogo Argentino-Británico:* gobernabilidad y democracia. Buenos Aires: Embaixada Britânica, 2005, pp. 170/171.

CONCLUSÕES

corrupção, algumas das quais apresentamos ao longo destas páginas, com a qual se outorgaria uma pontuação ao projeto segundo fosse mais ou menos favorecedor de oportunidades para a corrupção.

Exigir tal análise permitirá, em curto espaço de tempo, desenvolver regras que compatibilizem os fins do Estado com mecanismos administrativos *hostis* para a corrupção. Ninguém poderá dizer que cometeu um equívoco se, depois de um estudo de *impacto moral*, sanciona-se uma norma que aumenta os espaços da corrupção apesar de que existam alternativas que permitem atingir os mesmos objetivos estatais sem esse risco e sem diminuir a eficiência estatal. Podemos pensar em uma *Lei de Moralização* que, seguindo algumas das linhas propostas neste trabalho, estabeleça mecanismos de prevenção da corrupção (porque para sua detecção e punição as normas atuais sobram) e elimine oportunidades para que ela se desenvolva.

Obviamente, a corrupção não se encontra somente no Estado: *"it takes two to tango"*. Somente em tempos passados da história punia-se unicamente o funcionário corrupto e não o particular que o subornava.[259] O Estado apresenta características similares às da sociedade que o constitui. Por isso, não se deve controlar somente o aparato estatal.

---

[259] NOONAN Jr., John T. *Bribes*. New York: MacMillan Publishing Company, 1984, p. 690.

Mas também, em um processo de contínua interação, a própria sociedade vai se moldando de acordo com os estímulos que recebe do Estado. Um Estado corrupto é, de certa maneira, produto da corrupção que existe no seio da sociedade, mas por sua vez nesta o grau de corrupção aumenta na medida em que se percebe que ela não somente ajuda a ganhar posições frente ao Estado e frente à concorrência, senão que ela própria é considerada uma conduta valiosa: "A internalização de uma mentalidade transgressora é vivida em muitas ocasiões como um sinal de vivacidade e, inclusive, de brilho pessoal, sem que se perceba que tal comportamento degrada individualmente quem o pratica e se projeta socialmente como um desvalor comunitário, o qual, em uma retroalimentação perversa, gravita sobre a consciência individual neutralizando-a ou deformando-a".[260] Nada é mais desanimador para uma pessoa, um funcionário, um investigador, um empresário, honestos, que descobrir que outros triunfaram graças a manobras incorretas e ilegais. A mensagem que o Estado envia assim à população é prejudicial: afugenta os melhores e premia os piores.

---

[260] COMADIRA, Julio R. "Función Pública y corrupción". *In:* REIRIZ, María Graciela (coord.). *Derecho Administrativo y Aportes para el Rediseño Institucional de la República.* Revista Jurídica de Buenos Aires, Buenos Aires: LexisNexis/Abeledo-Perrot, 2004, pp. 496/497.

CONCLUSÕES

Nada se ganha argumentando que isso sempre foi assim, que há canções populares que assinalam isso há mais de meio século. Em primeiro lugar, nós que transitamos nesse meio século da realidade argentina sabemos que o fenômeno vem crescendo há anos. Também não é consolo arguir que os corruptos constituem uma pequena proporção do total dos funcionários. Pode-se jogar cartas em um clube no qual há somente um sócio suspeito de roubar no jogo, mas basta que dez por cento dos sócios incorra nessa conduta para que os sócios honestos se desanimem e vão embora. Por outro lado, em certos meios a corrupção age como um imã que atrai os assuntos críticos em direção ao funcionário incorreto, aumentando assim sua competência, uma espécie de "foro de atração" da corrupção. Isso porque o juiz ou o funcionário honesto costuma não ter preferências quanto à importância dos assuntos que decide. Mais ainda, às vezes prefere os assuntos de menor valor porque apresentam menos riscos de que sua solução levante suspeitas e acusações. Obviamente é diferente a posição do desonesto. Por isso não é algo fora do comum ver que aqueles que estão sob suspeita de corrupção recebam uma maior proporção de temas importantes e delicados para resolverem do que os funcionários de boa reputação.

Cada pessoa, de acordo com sua posição política, terá a quem culpar (em cujas incorreções acreditará sem necessidade de provas, descrevendo-as como *sintomáticas*) e a quem perdoar (cujas faltas considerará não provadas ou, no melhor dos casos, *anedóticas*). Mas convenhamos, como sociedade, que está na hora de reverter esse processo e isso não como bandeira de um partido determinado senão como política de Estado.

A melhora do comportamento ético do Estado teria efeitos diretos na população, criando um círculo virtuoso no qual os estímulos e prêmios estivessem orientados a promover a excelência e não a desonestidade. No entanto, para atingi-lo não bastam os apelos éticos dirigidos aos funcionários. Atribui-se a Stalin a frase que com uma dúzia de São Francisco de Assis não teria ocorrido a revolução russa. As soluções que requerem uma mudança da natureza humana são próprias das religiões e não das ciências sociais. Faz parte da natureza humana reagir de maneira bastante similar ao tipo de estímulos que recebe. Substituamos o sistema e observaremos que a grande maioria das pessoas se ajustará ao novo sistema, não por terem mudado elas mesmas, senão porque se adequarão aos novos estímulos.

Concluímos, por isso, que não é suficiente combater os efeitos da corrupção. É necessário destruir as causas que a favorecem, entre as quais as mais facilmente corrigíveis são as legais. A correção dos

CONCLUSÕES

fatores jurídicos que incentivam a corrupção e que acabamos de listar não a eliminaria totalmente, mas reduziria seu campo de ação nos casos nos quais atualmente se recorre a ela ante a falta de mecanismos corretos de solução de conflitos perante o Estado, ou nos que o Direito cria desnecessariamente a oportunidade para que exista. Dizemos *desnecessariamente* porque sempre haverá favores oficiais cuja concessão, ou normas restritivas cuja não aplicação outorgará benefícios a quem obtém irregularmente esse favor ou dispensa. O que se tenta é determinar em que casos o favor ou a restrição legal deveriam ser eliminados por serem sem valor, seja porque não trazem vantagens significativas para a sociedade (embora as tragam para o funcionário), seja porque suas consequências sociais negativas superam as positivas. Ao fazê-lo assim, estaremos simultaneamente reduzindo as oportunidades para que floresça a corrupção.

Também aumentará a pressão pública contra o flagelo. Isso porque a difusão do que poderíamos chamar de *corrupção induzida* transforma muitas pessoas naturalmente honestas em cúmplices – muitas vezes involuntários – dos particulares e funcionários verdadeiramente corruptos. Apesar de que seja comum clamar contra a corrupção, ela é vista por muitos como um mal necessário, como um custo inevitável para funcionar em uma sociedade imperfeita. As demandas para sua erradicação serão veementes, mas nem sempre sinceras, enquanto a corrupção persistir como sistema ao qual devem recorrer grandes estratos da população. Além disso, a investigação, assim como os mecanismos jurídicos de luta contra a corrupção que os tratados e leis mencionados no começo deste trabalho contêm, poderão concentrar-se em combater o núcleo duro da corrupção, sem se diluir na busca de uma conduta de abrangência tão geral como a que hoje apresenta em nosso país. *"A detecção e a punição – disse um analista do tema – serão mais eficientes quando estiverem apoiadas pelo consenso social, e quando o povo tiver alternativas políticas e econômicas reais frente a práticas e líderes corruptos"*.[261]

O interesse público em corrigir os abusos normativos que denunciamos não ficará desamparado. Os países mais adiantados podem gerir eficientemente os interesses gerais sem necessidade deles. Todo funcionário tem a tentação de contar com um regime jurídico que lhe permita ter sempre razão perante os particulares, impondo-lhes sua vontade, inapelável na realidade, ainda que não o seja na teoria. O caso mais extremo foi objeto de intensa crítica social entre nós e é repudiado pela lei. Tão conhecido é que mereceu um apelido popular: *gatilho fácil*. Sem pretender igual grau de dramatismo, a verdade é que muitas normas

---

[261] JOHNSTON, Michael. *Syndromes of Corruption:* wealth, power and democracy. Cambridge Univ. Press, 2005, p. 197.

CONCLUSÕES

recentes de nosso Direito Administrativo e Tributário constituem verdadeiros *gatilhos fáceis* incruentos ao colocar o indivíduo juridicamente desarmado frente à autoridade. Todas elas degradam o indivíduo, o funcionário e o próprio Estado, e acabam fomentando a corrupção. Algumas delas são as que acabamos de descrever nestas páginas.

Recordemos a conhecida frase de Lord Acton: *"Absolute power corrupts absolutely"*. As tradicionais regras do Estado de Direito não só defendem a liberdade dos cidadãos senão que também servem para combater a corrupção. Mas não basta a vigência teórica dessas regras. É necessário que elas sejam observadas na prática e não desvirtuadas por normas de menor importância. Na Argentina se observa um nítido contraste entre os princípios de uma Constituição com um século e meio de vigência, os quais procuram proteger o cidadão contra os abusos do poder público, e a realidade cotidiana de submissão dos particulares a esses abusos por impacto de uma regulamentação sem escrúpulos, apoiada em normas exageradas e em teorias equivocadas do Direito Administrativo. Alberdi já tinha previsto isso quando advertiu que *"[é] preciso que o Direito Administrativo não seja um meio falaz de eliminar ou mascarar as liberdades e garantias constitucionais"*.[262] É necessário,

---

[262] *Bases y Puntos de Partida para la organización política de la República Argentina*. Buenos Aires: Academia Nacional de Ciencias Morales y Políticas, 2002, pp. 54/55.

logicamente, melhorar os controles e torná-los eficientes, tornando os controladores independentes de subordinação hierárquica a seus controlados (caso dos assessores jurídicos de cada repartição nacional que deveriam depender da *Procuración del Tesoro* e não do respectivo ministro ou secretário) e dando efeitos suspensivos a suas observações. Mas isso não é suficiente.

Como assinala um dos principais analistas do fenômeno da corrupção, *"(...) o objetivo primário deve ser o de reduzir os incentivos subjacentes para pagar e receber subornos, não o de ajustar os sistemas de controle a posteriori. A aplicação da lei e a monitoração são necessárias, mas terão pouco impacto a longo prazo se as condições básicas que incentivam os subornos não forem reduzidas"*.[263] Neste trabalho identificamos uma dessas condições básicas: a falta de defesa do cidadão perante o poder do Estado. *"A corrupção acompanha o poder como a sombra acompanha o corpo"* disse apropriadamente Alejandro Nieto.[264] Por isso, pretender eliminar ou reduzir a corrupção sem limitar o poder que, como representantes do Estado, hoje em dia, os funcionários públicos argentinos

---

[263] ROSE-ACKERMAN, Susan. *Corruption and Government:* causes, consequences and reform. Cambridge: Cambridge Univ. Press, 1999/2005, pp. 5/6.

[264] "La función pública y la corrupción". *In:* REIRIZ, María Graciela (coord.). *Derecho Administrativo y Aportes para el Rediseño Institucional de la República.* Buenos Aires: LexisNexis/Abeledo-Perrot, 2004, p. 7.

CONCLUSÕES

exercem é ilusório. Haverá aqueles que, embora deplorando a corrupção, acreditem que limitar o poder do Estado atentaria contra a melhor defesa que este faz dos interesses públicos, e que os exemplos estrangeiros de limitação das potestades públicas que citamos não são aplicáveis em nossa realidade. Aqueles que acreditarem nisso ficarão reduzidos a defender a melhora da qualidade ética de nossos governantes como única solução ao problema, porque continuar somando mais punições e controles aos que já existem ocasionaria um rendimento decrescente. Esses apelos à moral de nossos governantes serão ainda mais ingênuos do que algumas das soluções que propomos no presente trabalho. Pelo contrário, não confiemos somente nas invocações éticas, limitemos o poder hoje quase onipresente do Estado argentino perante os cidadãos e veremos como a corrupção diminui.

COMENTÁRIOS À EDIÇÃO BRASILEIRA

Mairal, de maneira abrangente e de modo extremamente inteligente, expende suas conclusões. Muitas dessas conclusões são de aplicação paralela na Argentina e no Brasil.

A corrupção, entre nós, talvez não seja mesmo atávica, mas, com certeza, ela é iniludivelmente endêmica.

Em tempos idos, cheguei a pensar e a dizer que qualquer papel que corresse pelos corredores dos Poderes no Brasil, somente teria suas aspirações alcançadas se por detrás dele houvesse um interesse escuso apoiando-o. O certo é que na Administração Pública Brasileira, não obstante os servidores públicos em sua maioria sejam honestos, as constatações de corrupção em diversos órgãos e que são noticiadas pela imprensa são quase que regra.

As causas dessa corrupção imperante no país decorrem de leis mal feitas, lacunosas, inconstitucionais etc., como já o demonstram o costume da delegação de legislar à órgãos e entidades administrativos, muitos com normas que favorecem comportamentos excusos.

A lentidão e morosidade da justiça são causas eficientes da corrupção (por exemplo – na Capital de São Paulo, uma Apelação, após ingressar no Tribunal de Justiça leva de 4 (quatro) ou 5 (cinco) ou mais, anos para ser distribuída, não para ser julgada). A existência de uma enxurrada de órgãos e/ou entidades públicas que inundam o país de normas que confundem o cidadão e que, em muitos casos, levam à corrupção.

O nosso Direito público que sempre encarecia o princípio da legalidade, o Estado Democrático de Direito, os princípios de Direito público e do Direito Administrativo, além de se pautar sempre pela observância rigorosa dos princípios de Direito público

CONCLUSÕES

e pela necessária parcela de vigilância própria dos agentes públicos, transformou-se numa terra de ninguém, onde os operadores do Direito seguem por caminhos abertos deixados (muitas vezes propositadamente e outras vezes por incompetência) pelo legislador e pelos órgãos públicos que deliberam; também se passa por alto, sem nenhum sentido crítico sobre inconstitucionalidades de leis ou atos administrativos e, na mais das vezes, se vem escritos defendendo aberrações jurídicas, como é o caso do "carona". Por isso, as normas, tanto de natureza administrativa ou até mesmo de âmbito penal, levam à impunidade, de tal modo que muitos agentes públicos (nem todos) se dirigem para a senda da corrupção.

Discricionariedades excessivas, violações frontais à lei ou aos atos normativos encaminham o trato da coisa pública para o desvio de recursos públicos para entes marcados e acostumados pela corrupção.

Por consequência, também se torna uma tônica entre nós a insegurança jurídica, ou pelo desconhecimento da norma, ou pelo número excessivo, que são editadas normas infralegais, em curto espaço de tempo, como Portarias, Resoluções, Atos Normativos etc. as quais, em muitos casos, fazem o que somente a lei poderia fazer: criam obrigações novas.

Entre nós é um absurdo o que se verifica através da existência de leis, em quantidade cada vez maior, que são, no todo ou em parte, inconstitucionais.

É essa a regra e não a exceção. A cada lei, o número de disposições inconstitucionais (frequentemente violadoras das autonomias locais, dos direitos e garantias individuais, e, principalmente, do regime federativo) aumenta. Parece mesmo que não temos mais uma Constituição da República, que parece ser encarada como uma Bíblia que ninguém observa nem lê. Como já se disse, a atual Constituição (de 1988) é a mais "pisoteada" da história do Brasil.

Há muitas restrições no acesso à justiça, em relação aos mais carentes.

A imprensa noticia vários casos de corrupção no âmbito do Judiciário, muitos dos quais nem receberam punições, ainda.

A violência contra o cidadão manifesta-se, desde interpretações nebulosas da norma contra o cidadão ou a seu favor, através de corrupção.

Até mesmo as denominadas cláusulas pétreas previstas no art. 60 da Constituição Federal são infringidas por normas inferiores ou infralegais, quando nem mesmo uma Emenda Constitucional pode fazê-lo.

Uma enorme e exasperante insegurança jurídica nasce das normas jurídicas, que só trouxeram confusões, do cipoal de leis lacunosas, inconstitucionais, da profusão de atos normativos infralegais (muitos deles inconstitucionais, como, por exemplo, Resoluções

CONCLUSÕES

do CONAMA regulando questões ambientais, próprias de leis), das normas sobre licitações facilitadoras e flexibilizadoras de regras que eram mais rígidas (Leis da Copa e das Olimpíadas).

Acaba o cidadão brasileiro sentindo-se desamparado, como disse Mairal, em relação à Argentina. Por isso, são muitos os brasileiros que se submetem à autoridade sem reclamar. Esse desamparo se reflete na situação de ser o cidadão brasileiro um ser kafkaniano.

Há uma sensação disseminada que a erradicação da corrupção jamais ocorrerá. Os casos levantados e levados a público, desde primevos tempos foram muito bem retratados por Marcos Morel, na sua obra solitária, "Corrupção – Mostra a sua Cara".

Como já mencionamos, há até um Decreto federal que abertamente admite a consumação de um crime previsto no art. 89 da Lei n. 8.666/93, através da figura do "carona", referido anteriormente. Quer dizer, como dissemos, entre nós, a legislação não só admite como sugere o cometimento de um crime. Quando alguém denuncia esse fato, como o fizemos, em artigo publicado em revistas especializadas, ele é ignorado e muitas vezes é considerada uma posição hilária, pois isto não é acolhido pela maioria da doutrina e muito menos pela prática administrativa, o que demonstra cabalmente o alto grau de corrupção que está presente nas lides da Administração Pública brasileira.

E isso tudo ocorre entre nós quando existe na Constituição Brasileira o princípio da moralidade administrativa, a regra da improbidade administrativa e, em especial os "Crimes contra a Administração Pública", Código Penal, e outras normas de igual sentido. Aqui, como na Argentina, como demonstrou brilhantemente Hector A. Mairal, a corrupção tem suas raízes na própria legislação.

referências bibliográficas

AARONS, Fred. "Renegotiation of Concessions in the Latin American Context". *In:* BASAÑES, Federico; URIBE, Evamaría; WILLIG, Robert. *Can Privatization Deliver?* Infrastructure for Latin America. Washington: Banco Interamericano de Desarrollo, 1999.

ABERASTURY, Pedro. *Ejecución de sentencias contra el Estado*. Buenos Aires: Abeledo-Perrot, 2001.

ARCIDIACONO, Pilar; ROSENBERG, Gastón; ARENOSO, Federico. *Contrataciones Públicas Vulnerables*. Buenos Aires: Fundación Poder Ciudadano, 2006.

ARENOSO, Federico. *Transparencia y Control Social en las Contrataciones Públicas*. Buenos Aires: Fundación Poder Ciudadano, 2006.

AFTALIÓN, Enrique R. *Tratado de Derecho Penal Especial*. Buenos Aires: La Ley, 1969.

ALBERDI, Juan Bautista. *Bases y Puntos de Partida para la organización política de la República Argentina*. Buenos

Aires: Academia Nacional de Ciencias Morales y Políticas, 2002.

ALIANAK, Raquel C. "Sobre la participación pública en la elaboración de reglamentos y proyectos de ley. A propósito del Decreto 1.172/03 y su comparación con el régimen vigente en el sistema legal de Estados Unidos de Norteamérica". *ED*, 2004:504.

ALTERINI, Atilio A. *Contratos civiles, comerciales y de consumo*: teoría general. Buenos Aires: Abeledo-Perrot, 1998.

ARLAND, Rodolfo. "Cómo controlar la corrupción en la prestación en un servicio público vital. El caso del Departamento General de Irrigación – Provincia de Mendoza-Argentina". *Revista Probidad*. Disponível em www.revistaprobidad.info/008/artOl.html.

ARNAVAS, Donald P.; RUBERRY, William J. *Government Contract Guidebook*. Suplemento 1999. Washington, D.C.: Federal Publications, 1987.

BANFIELD, Edward C. *The Moral Basis of a Backward Society*. Nova York: The Free Press, 1958.

BARRA, Rodolfo C. "Acerca de la Naturaleza Jurídica de las Sociedades del Estado". *ED,* Buenos Aires, 67-601.

BARRAZA, Javier Indalecio; SCHAFRIK, Fabiana Haydée. *EI Control de la Administración Pública*. Buenos Aires: Abeledo-Perrot, 1995.

BATTAGLIA, Alfredo. "Carácter penal de la sanción administrativa". *ED,* Buenos Aires, 171-840.

REFERÊNCIAS BIBLIOGRÁFICAS

BIANCHI, Alberto. "Los Reglamentos Delegados luego de la Reforma Constitucional de 1994". *In: Derecho Administrativo:* obra colectiva en homenaje al Profesor Miguel S. Marienhoff. Buenos Aires: Abeledo- Perrot, 1998.

BOTANA, Natalio. *Poder y Hegemonía:* el régimen político después de la crisis. Buenos Aires: Emecé, 2006.

BOYD, James W.; INGBERMAN, Daniel E. "Do punitive damages promote deterrence?". *International Review of Law and Economics,* Marzo, 1999.

BREYER, Stephen G.; STEWART, Richard B. *Administrative Law and Regulatory Policy.* 3ª ed. Little, Boston: Brown & Co., 1992.

CABANELLAS DE LAS CUEVAS, Guillermo. *Derecho antimonopólico y defensa de la competencia.* Buenos Aires: Heliasta, 2005.

CARRERA, Daniel Pablo; VAZQUEZ, Humberto (coord.). *Derecho Penal Especial.* Buenos Aires: Astrea, 2004.

CASÁS, José Osvaldo. *Derechos y garantías constitucionales del contribuyente.* Buenos Aires:Ad-Hoc, 2002.

CIBINIC Jr., John; NASH Jr., Ralph C. *Formation of Government Contracts.* 3ª ed. Washington: The George Washington University, 1998.

COMADIRA, Julio R. "Función Pública y corrupción". *In:* REIRIZ, María Graciela (coord.). *Derecho Administrativo:* aportes para el Rediseño Institucional de la República. Buenos Aires: Lexis Nexis, 2004.

COVIELLO, Pedro. "Industria Maderera Lanín: un desconocido precedente de la Corte Suprema, reiteradamente citado en materia de control de razonabilidad de los actos de los poderes públicos". Nota à sentença *S.R.L. Industria Maderera Lanín* v. *Nación Argentina*, 1977, *Fallos*, 298:223, *ED*, 28-IV-06.

_____. *La Protección de la Confianza del Administrado*. Buenos Aires: Lexis-Nexis, 2004.

CRIVELLI, Julio C.; VEGA, Susana. "Un nuevo sistema de redeterminación de precios para la obra pública: el DNU N. 1295/02". *Res Pública Argentina*, Buenos Aires, 290:44.

CRIVELLI, Julio C. *Emergencia económica permanente*. Buenos Aires: Ábaco, 2001.

CUARTANGO, Gonzalo. "La Jurisprudencia Reciente de la Cámara Nacional de Apelaciones del Trabajo sobre el Personal Contratado por la Administración Pública". *In: Doctrina Laboral y Previsional*, 19:1032.

DAVIS, Kenneth Culp; PIERCE Jr., Richard J. *Administrative Law Treatise*. 3ª ed. tomo 3. Boston: Little Brown & Co, 1994.

DAVIS, Kenneth Culp. *Administrative Law Text*. 3ª ed. Minnesota: West Pub. Co., 1972.

_____. *Discretionary Justice:* a preliminary inquiry. Illinois: University of Illinois, 1971.

DE LAUBADÈRE, André; MODERNE, Franck; DELVOLVÉ, Pierre. *Traité des Contrats Administratifs*. 2ª ed. Paris: LGDJ, 1984.

REFERÊNCIAS BIBLIOGRÁFICAS

DE SOTO, Hernando. *El Otro Sendero*. Buenos Aires: Sudamericana, 1987.

DÍAZ, Vicente O. "La protección constitucional del contribuyente en los procesos penales tributarios". *La Ley,* Buenos Aires, 2004-C, 1288.

FAIRÉN GUILLÉN, Víctor. *El Tribunal de las Aguas de Valencia y su Proceso*. Valencia: Imprenta Artes Gráficas Soler, 1975.

FRANCO SOBRINHO, Manoel De Oliveira. *O Princípio Constitucional da Moralidade Administrativa*. 2ª ed. Curitiba: Genesis, 1993.

FULLER, Lon L. *The Morality of the Law*. Edição revisada. New Haven: Yale University Press, 1969.

GAMBIER, Beltrán. "El principio de igualdad en la licitación pública y la potestad de modificar los contratos administrativos". *Revista Derecho Administrativo*, Buenos Aires: Depalma, 18/20:441.

GARCÍA BELSUNCE, Horacio A. *La interpretación de la ley tributaria*. Buenos Aires: Abeledo-Perrot, 1959.

GARCÍA SANZ, Agustín A. M. "Contratos administrativos, lenguaje y realidad". *La Ley,* Buenos Aires, 2004-C, 1535.

GARZÓN VALDÉS, Ernesto. "Acerca del concepto de corrupción". *In:* CARBONELL, Miguel; VÁZQUEZ, Rodolfo (coord.). *Poder, Derecho y Corrupción*. México: Siglo XXI, 2003.

GONZÁLEZ AMUCHÁSTEGUI, Jesús. "Corrupción, Democracia y Responsabilidad Política". *In:*

CARBONELL, Miguel; VÁZQUEZ, Rodolfo (coord.). *Poder, Derecho y Corrupción*. México: Siglo XXI, 2003.

GONZÁLEZ PÉREZ, Jesús. *Corrupción, Ética y Moral en las Administraciones Públicas*. Madrid: Aranzadi, 2006.

GORDILLO, Agustín A. *The future of Latin America:* can the EU help? Londres: Esperia Publications Ltd., 2003.

_____. "El informalismo y la concurrencia en la licitación pública". *Revista Derecho Administrativo,* Buenos Aires: Depalma, 11:306.

_____. "Un corte transversal al derecho administrativo: la Convención Interamericana contra la Corrupción". *La Ley,* Buenos Aires, 1997-E, 1091.

_____. *La Administración Paralela*. Madrid: Civitas, 1982.

_____. *Tratado de Derecho Administrativo*. 83ª ed. tomo 1: Parte General; tomo 2: La defensa del usuario y del administrado; tomo 3: El acto administrativo. Buenos Aires: FDA, 2003.

GRECCO, Carlos M.; MUÑOZ, Guillermo A. *La Precariedad en los Permisos, Autorizaciones, Licencias y Concesiones*. Buenos Aires: Depalma, 1992.

GRONDONA, Mariano. *La corrupción*. 3ª ed. Buenos Aires: Planeta, 1993.

HALPERÍN, David Andrés. "La acción de amparo por mora de la Administración" *In:* CASSAGNE, Juan Carlos. *Libro Homenaje al Profesor Jesús González Pérez*. Buenos Aires: Hammurabi, 2004.

REFERÊNCIAS BIBLIOGRÁFICAS

HERNÁNDEZ, Antonio María; ZOVATTO, Daniel; MORA Y ARAUJO, Manuel. *Argentina:* una Sociedad Anómica. México: Universidad Nacional Autonoma de Mexico, 2005.

IBÁÑEZ, Perfecto Andrés. "Tangentopoli tiene traducción al castellano". *In: Corrupción y el Estado de Derecho:* el papel de la jurisdicción. Madrid: Trotta S.A., 1996.

IVANEGA, Miriam M. *Mecanismos de Control Público y Argumentaciones de Responsabilidad.* Buenos Aires: Ábaco, 2003.

IVANEGA, Miriam Mabel. "Algunas cuestiones sobre el amparo por mora en el Derecho Procesal Administrativo". *In:* CASSAGNE, Juan Carlos (coord.). *Libro Homenaje al Profesor Jesús González Pérez.* tomo 2. Buenos Aires: Hammurabi, 2004.

JAFFE, Louis; NATHANSON, Nathaniel L. *Administrative Law.* 4ª ed. Boston: Little, Brown & Co., 1976.

JEANNERET DE PÉREZ CORTÉS, María. "Ética y Función Pública". *La Ley,* Buenos Aires, 2005-D, 1097.

JOHNSTON, Michael. *Syndromes of Corruption:* wealth, power and democracy. Cambridge: Cambridge Univ. Press, 2005.

LAMBSDORFF, Johann Graf. "Corruption in comparative perception". *In:* JAIN, Arvin K. (coord.). *Economics of Corruption.* Nova York: Springer, 1998.

LASOK, K. P. E.; LASOK, Paul; MILLETT, T. *Judicial Control in the EU:* procedures and principles. Londres: Richmond Law & Tax Ltd., 2004.

LAVER, Roberto. "The World Bank and Judicial Reform: Overcoming 'Blind Spots' in the Approach to Judicial Independence". *Duke Journal of International Law*. vol. 22, pp. 183-238, 2012. Disponível em http://scholarship.law.duke.edu/djcil/vol22/iss2/2.

LAVER, Roberto. "'Good News' in the Fight Against Corruption". *The Rev. of Faith & International Affairs*. 8:4, pp. 49-57, 2010.

LAZAR, Sian. "Citizens Despite the State: Everyday Corruption and Local Politics in El Alto, Bolivia". *In:* HALLER, D.; SHORE, C. (coord.). *Corruption:* anthropological perspectives. Londres: Pluto Press, 2005.

MACMULLEN, Ramsay. *Corruption and the decline of Rome*. Connecticut: Yale University Press, 1988.

MAIRAL, Héctor A. "De la peligrosidad o inutilidad de una teoría general del contrato administrativo". *El Derecho,* 179-655.

_____."EI silencio de los tribunales argentinos". *Res Pública Argentina,* Buenos Aires, 2007-3, p. 7.

_____. "La degradación del derecho público argentino". *In:* SCHEIBLER, Guillermo (coord.). *El Derecho Administrativo de la Emergencia.* vol. IV. Buenos Aires: FDA, 2005.

_____. *Control Judicial de la Actividad Administrativa*. Buenos Aires: Depalma, 1984.

_____. *La doctrina de los actos propios y la Administración Pública*. Buenos Aires: Depalma, 1988.

REFERÊNCIAS BIBLIOGRÁFICAS

MALJAR, Daniel E. *El Derecho Administrativo Sancionador.* Buenos Aires: Ad-Hoc, 2004.

MANZETTI, Luigi. "Market Reforms Without Transparency". *In:* TULCHIN, Joseph S.; ESPOCH, Ralph; H. *Combating Corruption in Latin America.* Maryland: Johns Hopkins University Press, 2000.

MARIENHOFF, Miguel S. *Tratado de Derecho Administrativo.* 3ª ed. tomo III-A. Buenos Aires: Abeledo Perrot, 1983; 2ª ed. tomo V. Buenos Aires: Abeledo-Perrot, 1988.

MARUM, Elizabeth A. *Delitos Relacionados con el Sistema Integrado de Jubilaciones y Pensiones.* Buenos Aires: Ad-Hoc, 2003.

MASSONI, José. "La Oficina Nacional Anticorrupción". *In: Control de la Administración Pública.* Buenos Aires: Ediciones Rap, 2003, p. 681.

MIDÓN, Marioa. R. *Decretos de Necesidad y Urgencia en la Constitución Nacional y en los Ordenamientos Provinciales.* Buenos Aires: La Ley, 2001.

MONTANELLI, Indro; CERVI, Mario, *L 'Italia degli Anni di Fango.* Milão: Rizzoli, 1995.

MOREIRA NETO, Diogo de Figueiredo. "O futuro das cláusulas exorbitantes nos contratos administrativos". *In:* OLIVEIRA, Farlei Martins Riccio de. *Direito Administrativo Brasil-Argentina:* estudos em homenagem a Agustín Gordillo. Belo Horizonte: Del Rey Editora, 2007, p. 75.

MORENO OCAMPO, Luis. "Structural corruption and Normative Systems: the role of Integrity Pacts". *In:*

HÉCTOR A. MAIRAL

TULCHIN, Joseph S.; ESPOCH, Ralph; H. *Combating Corruption in Latin America*. Maryland: Johns Hopkins University Press, 2000.

MORENO OCAMPO, Luis. "Una Propuesta de Acción". *In:* GRONDONA, Mariano. *La corrupción*. 3ª ed. Buenos Aires: Planeta, 1993.

NICHOLS, Colin; DANIEL, Tim; POLAINE, Martin; HATCHARD, John. *Corruption and Misuse of Public Office*. Oxford: Oxford University Press, 2006.

NIELSEN, Federico; COMADIRA, Juan P. "Apuntes sobre los principios de la ética pública en el derecho argentino". *Documentación Administrativa*: El Derecho Administrativo en Argentina: situación y tendencias actuales, 267-268, pp. 135-150.

NIELSEN, Federico. "Una discutible doctrina sobre la vigencia de las leyes". Nota à sentença *Valente c. BankBoston N. A.,* de 19.10.04, *ED,* 2005-75.

NIETO, Alejandro. "La función pública y la corrupción". *In:* REIRIZ, María Graciela (coord.). *Derecho Administrativo y Aportes para el Rediseño Institucional de la República*. Buenos Aires: Lexis Nexis, 2004.

NIETO, Alejandro. *Corrupción en la España Democrática*. Barcelona: Ariel, 1997.

NINO, Carlos S. *Un País al Margen de la Ley*. Buenos Aires: Emecé, 1992.

NOONAN Jr., John T. *Bribes*. Nova York: McMillan Publishing Company, 1984.

REFERÊNCIAS BIBLIOGRÁFICAS

PULVIRENTI, Orlando D. "El caso de la administración adicta y el síndrome de abstinencia (a raíz de los decretos n. 787/04, 1.344/04, 2.698/04 y n. 3.051/2005 de la Provincia de Buenos Aires)". *La Ley*, Buenos Aires, 2005-D, 1217.

RAIGORODSKY, Nicolás. "Políticas de prevención de la corrupción en el ámbito de los organismos de seguridad pública". *In: Diálogo Argentino-Británico:* gobernabilidad y democracia. Buenos Aires: Embajada Británica, 2005.

RAWLS, John. *A Theory of Justice*. Massachusetts: Harvard Univ. Press, 1971.

REZZÓNICO, Juan Carlos. *Contratos con cláusulas predispuestas*. Buenos Aires: Astrea, 1987.

RIMONDI, Jorge Luis. *Calificación Legal de los Actos de Corrupción en la Administración Pública*. Buenos Aires: Ad-Hoc, 2005.

RODRÍGUEZ ESTÉVEZ, Juan M. *El derecho penal en la actividad económica*. Buenos Aires: Ábaco, 1998.

RODRÍGUEZ PRADO, Julieta. "Leyes Secretas ¿Antagónicas con un Estado de Derecho?". Nota à sentença *Monner Sans, Ricardo c. Estado Nacional,* Juzg. Fed. CA N. 8, 11/5/05, *LL,* 2005-C, 696.

RODRÍGUEZ-ARANA MUÑOZ, Jaime. *Ética, Poder y Estado*. Buenos Aires: Ediciones Rap, 2004.

ROSE-ACKERMAN, Susan. "Is Leaner Government Necessarily Cleaner Government?". *In:* TULCHIN, Joseph S.; ESPOCH, Ralph; H. *Combating Corruption in Latin America*. Maryland: Johns Hopkins University Press, 2000.

_____. *Corruption and Government:* causes, consequences and reform. Cambridge Univ. Press, 1999/2005.

ROSENN, Keith S. "The Jeito–Brazil's Institutional Bypass of the Formal Legal System and its Developmental Implications". *The American Journal of Comparative Law*, vol 1, n. 19, 1971.

SABÁN GODOY, Alfonso. *El Marco Jurídico de la Corrupción*. Madrid: Cívitas, 1991.

SAGÜÉS, Néstor P. *Derecho Procesal Constitucional:* recurso extraordinario. 2ª ed. tomo 2. Buenos Aires, 1989.

SANTIAGO, Alfonso; THURY CORNEJO, Valentín. *Tratado Sobre la Delegación Legislativa*. Buenos Aires: Ábaco, 1998.

SCHWARTZ, Bernard. *Administrative Law*. 2ª ed. Boston: Little Brown & Co, 1984.

SCHWARTZE, Jürgen. *European Administrative Law*. Londres: Sweet & Maxwell, 1992.

SESÍN, Domingo Juan. *Administración Pública, Actividad Reglada, Discrecional y Técnica*: nuevos mecanismos de control judicial. Buenos Aires: Depalma, 1994.

SESÍN, Domingo. "Tribunal de Cuentas. Importancia y Alcance del Control Previo. Nuevas perspectivas". *In: Control de la Administración Pública*. Buenos Aires: Ediciones Rap, 2003.

SOTELO DE ANDREAU, Mirta. "Un nudo gordiano en la contratación pública: la corrupción". *In:*

REFERÊNCIAS BIBLIOGRÁFICAS

SCHEIBLER, Guillermo (coord.). *El Derecho Administrativo de la Emergencia*. vol. IV. Buenos Aires: FDA, 2005.

TANZI, Vito. "Corruption and the budget: problems and solutions". *In:* JAIN, Arvin K. (coord.). *Economics of Corruption*. Nova York: Springer, 1998.

TENEMBAUM, Ernesto. *Enemigos*. Buenos Aires: Grupo Editorial Norma, 2004.

TISOCCO, Jorge E. "Los deudores morosos e incobrables en el I.V.A". *Periódico Económico Tributario,* Buenos Aires: Editorial La Ley, n. 78, 1995.

VANOSSI, Jorge R. A. "Primera aproximación al enfoque jurídico de la corrupción". *El Derecho*, 149-749.

VARGAS LLOSA, Álvaro. *Rumbo a la Libertad*. Buenos Aires: Planeta, 2004.

VIEL TEMPERLEY, Facundo. "El equilibrio en la concesión del beneficio de litigar sin gastos". *La Ley,* Buenos Aires, 2004-E-1151.

VON MISES, Ludwig. *La Acción Humana*. 4ª ed. Madrid: Unión Editorial S.A., 1980.

WHITHEAD, Lawrence. "High Level Political Corruption in Latin America". *In:* TULCHIN, Joseph S.; ESPOCH, Ralph; H. *Combating Corruption in Latin America*. Maryland: Johns Hopkins University Press, 2000.

NOTAS

NOTAS

A Editora Contracorrente se preocupa com todos
os detalhes de suas obras! Aos curiosos, informamos
que esse livro foi impresso em julho de 2018, em papel
Polén Soft, pela Gráfica R.R. Donnelley.